別做不受歡迎的人生過路人

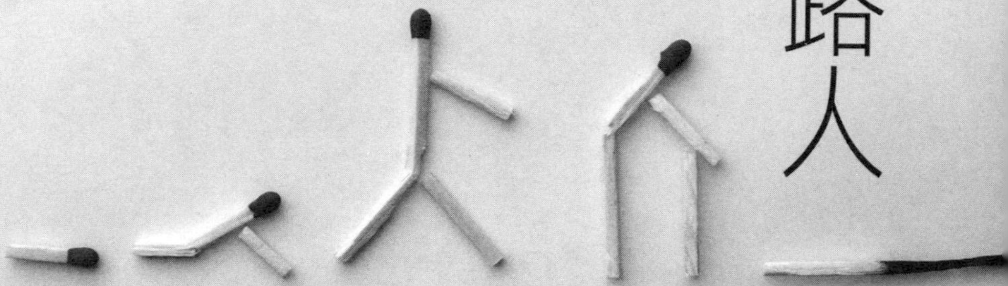

“只有**懂得生活**真正含義的人”

才會感受到愛的溫暖和**人生的幸福**。

有時也要學會卑微，學會低下頭來。

懂得最合適距離的人，才能把握住完美的感情生活。

在與人交往的時候，要顯示**自己的才能**，

也要給別人留有一定的展現空間。

培育文化 人與人 61

別做不受歡迎的人生過路人

編　　著　王佳茹
責任編輯　廖美秀
美術編輯　蕭佩玲
封面設計　蕭佩玲

出版者　培育文化事業有限公司
信箱　yungjiuh@ms.45.hinet.net
地址　新北市汐止區大同路三段一九四號九樓之一
電話　（02）8647-3663
傳真　（02）8674-3660
劃撥帳號　18669219
CVS代理　美璟文化有限公司
TEL／(02)27239968
FAX／(02)27239668

總經銷：永續圖書有限公司
永續圖書線上購物網
www.foreverbooks.com.tw

法律顧問　方圓法律事務所　涂成樞律師
出版日期　2015年10月

國家圖書館出版品預行編目資料

別做不受歡迎的人生過路人 / 王佳茹 編著.
-- 初版. -- 新北市 : 培育文化, 民104.10
面 ; 公分. -- (人與人系列 ; 61)
ISBN 978-986-5862-66-4(平裝)
1.修身 2.生活指導

192.1　　104016312

《序》

每一個人都希望與他人友好相處，都希望自己能擁有一個良好的人際關係。

班傑明．富蘭克林說：「成功的第一要素是懂得如何處理好人際關係」。一個人在社會上行走，要想達到無往不勝，首先得懂得掌控好與人相處的距離。要塑造「好人緣」的公眾形象。

對不同性格的人採取不同的策略：

對死板的人，喚起他的興趣。
對傲慢無禮的人，盡量少說。
對沉默寡言的人，直奔主題。
對深藏不露的人，多用心思。
對草率決斷的人，步步為營。
對過份糊塗的人，盡量躲避。
對頑固不化的人，適可而止。

對行動遲緩的人，拿出耐心。
對自私自利的人，投其所好。
對毫無表情的人，仔細觀察。

「人緣」，其實就是人際關係。
一個人的人際關係狀況，即是否有個好「人緣」，它直接影響到工作，學習，生活順暢與否，更關係到辦事能不能順利地達到目的。那麼，怎樣才能有個好「人緣」呢？

要注意全方位瞭解別人，學會求大同，存小異。要注意講究不同的方法，多發現別人的優點，取長補短。

避開覆水難收的窘境

Chapter 01

棍子和石頭只能傷人筋骨，語言卻能傷人的心靈。有時漫不經心造成的後果是相當嚴重的。而且，人生中有些錯誤是永遠都無法挽回的。避免悔恨的唯一辦法，就是盡力不去犯那些可能傷害別人的錯誤。

・善於傾聽的藝術　014
・貧窮只是暫時的　016
・做人有時候要學會低頭　019
・不受歡迎的過路人　022
・給別人留下空間　023
・生存的重要前提　024
・拿捏好彼此間的距離和分寸　026
・只知道成功的方向是不夠的　028
・父親和兒子吃荷包蛋　030
・不要讓蛋糕烤焦　032
・班固智鬥強盜　034
・自己和別人的關係　036
・視網膜效應　038
・遇到狼的農夫與和尚　040
・碑下的靈魂都在笑　042
・要經過三個篩子篩選　045

讓障礙成為風景

Chapter 02

「障礙」只是我們對某種事物或境況的一種理解，我們也可以達觀些，把它們看做是生命長河中一道道亮麗的風景。

· 繫好自己的鞋帶　048
· 你的身體沒有被查封　050
· 把你承受的容積放大些　052
· 沒有煩惱的地方　054
· 不經過冬天也就沒有春天　056
· 困境是督促自己前進的動力　058
· 生活在鏡子裡　060
· 羨慕對方的生活　062
· 窗外的世界　065
· 嚮往鄉村的鞋匠　067
· 讓自己看到星星　071
· 第四十一個遇險者　074
· 什麼才是真正的信任　077
· 能再說一遍你的名字嗎　080
· 靠秤發的財　082
· 只會尊重你的選擇　085

自己就是機會的創造者

Chapter 03

擁有了適當的夢想，加上超常的信心和不懈的努力，便可以克服一切困難，戰勝一切挫折。

- 為了紀念為我接生的醫生　088
- 一個快樂的無臂者　091
- 我跑步不單是為了自己　093
- 復活節的彩蛋　096
- 眼睛失明但手更靈巧　100
- 用四隻手指代替五隻手指　102
- 他能夠打得中　105
- 為了好夥伴而奪得的冠軍　107
- 灑滿月光的夜晚　112
- 為他人帶來歡樂　114
- 我是在安慰醫生和護士　116
- 追求幸福的過程更重要　118
- 生命的韌力比一切更堅強　121
- 一個善良的小男孩　123
- 生活就是要你不斷的去適應　125

原諒傷害你的人

Chapter 04

佛陀說：「以怨報怨，恨永遠存在；以愛對恨，恨自然消失。」如果你想報復別人，最終受到傷害的必定是你自己，既然如此，何不更豁達一些、寬容一些呢？

· 十八年的懲罰期限 128
· 掀開人生新的一頁 130
· 真正的大師 134
· 琴聲是最好的教育 137
· 觀眾心目中的冠軍 139
· 那棵大樹叫什麼名字 141
· 一隻很特別的鳥 143
· 難忘的紅色運動衫 145
· 老鞋匠的一張支票 149
· 從過錯中挖掘長處 152
· 諒解可以產生奇蹟 154
· 對孩子要有更多的寬容 158
· 我想叫您一聲「媽媽」 161
· 面對吃羊的野狗 165

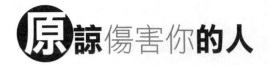

幸福和誠懇是分不開的

Chapter 05

只有懂得生活真正含義的人，才會感受到愛的溫暖和人生的幸福。

- 一枚硬幣　170
- 轉禍為福　172
- 幫助別人解脫　174
- 放下你的身段　176
- 化詛咒為祝福　179
- 禪師和小偷　181
- 把傷害留給自己　183
- 欣然接受挫折　185
- 給他半壺水喝　189
- 真正豁達寬容的人　191
- 讓水沸騰　193
- 求生的機會就在你的眼前　195

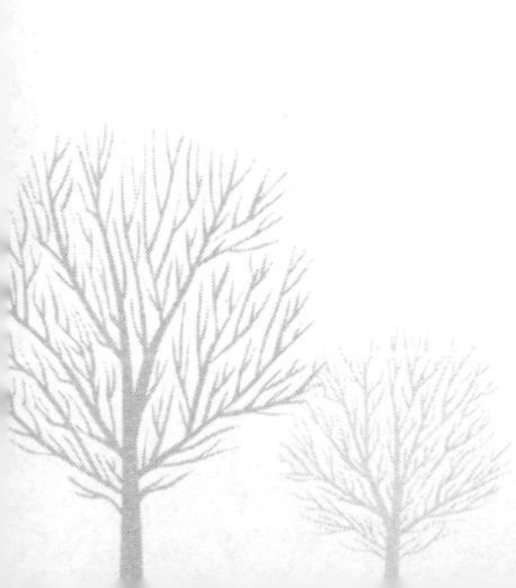

隨遇而安坦然過生活

Chapter 06

每個人都有自己的各自生活，都有自己的幸福與不幸。不要處處羨慕別人，要學會坦然地享受自己的生活。

· 天外飛來的五十萬英鎊　198
· 尋找新生活的小馬駒　201
· 被裝在一輛車上的豬　203
· 嚮往新生活的大石頭　205
· 尋找快樂的襯衫　207
· 正確看待客觀的事物　209
· 一起馱貨的驢和騾子　210
· 擔心天會掉下來的杞國人　211
· 貪婪地吸吮蜂蜜的蒼蠅　213
· 旅館裡的老鼠　214
· 寂寞的鳥鳴聲　217
· 一個女人的心願　219

告別患得患失的絆腳石

Chapter 07

人生往往如此，有的人活得很黯淡，這並不是因為他的生活中缺乏陽光，而是消極的心態早已把所有朝向陽光的窗戶緊緊關上了。

· 不過是損失了兩個馬克 222
· 懷疑自己生病的人 224
· 一路不停追逐的獵狗 226
· 我不能再失去好的心情 228
· 幸福是真情培養出來的 230
· 不要過度的悲傷 233
· 每個人都有自己的見解 235
· 垂釣老翁的人生觀念 237
· 為耶穌分擔辛苦的看門人 239
· 每年都破土而出的臘蘭 242
· 一條危害人間的大蛇 244
· 靜待復活的機會 246
· 自己親手做的鳥籠子 248
· 一個郵差的職業精神 250
· 人的道德底線都化成了數字 252

為人處世要小心謹慎，
不要為了眼前利益而只顧低頭彎腰，
誤入歧途；遇到障礙的時候，
不要只想著遠走高飛，
冷靜下來，適當地退一步思考，
就可能絕處逢生。

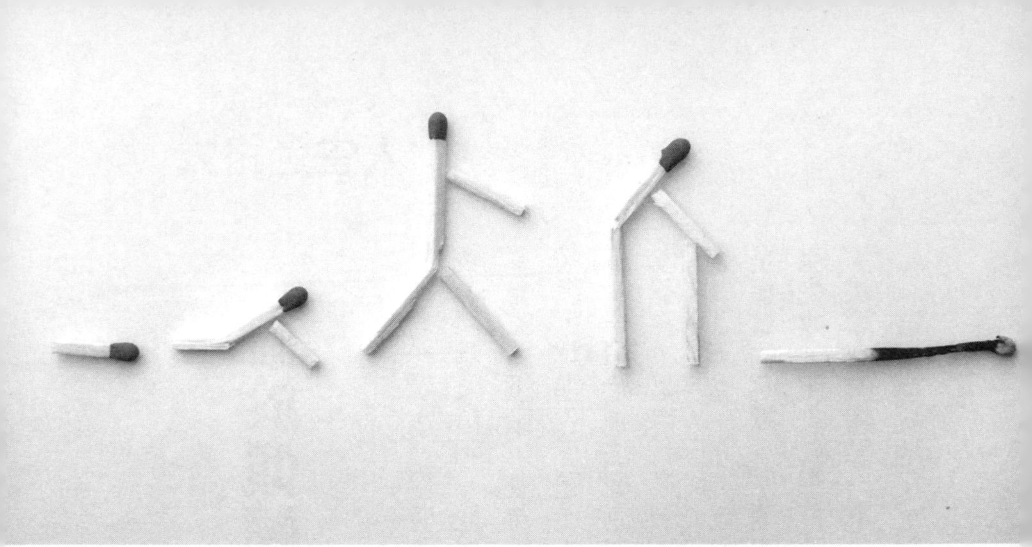

Chapter 01

避開**覆水難收**的窘境

棍子和石頭只能傷人筋骨，語言卻能傷人的心靈。

有時漫不經心造成的後果是相當嚴重的。

而且，人生中有些錯誤是永遠都無法挽回的。

避免悔恨的唯一辦法，

就是盡力不去犯那些可能傷害別人的錯誤。

善於傾聽的藝術

有一次，法蘭克和另一位推銷員去見弗朗西斯・奧尼爾先生。奧尼爾先生話不多，但為人精明。他早年從事紙張推銷，經過多年奮鬥成為紙張批發商，後來又開了一家造紙廠，成為紙張生產與批發業中的頭號人物，備受尊重。他們彼此寒暄幾句後，就進入正題。

一開始，法蘭克向他講解他所擁有的產業與稅收之間的關係，但他低著頭，看也不看法蘭克一眼。法蘭克無從知曉他臉上的表情，連他是否在聽也無法知曉，這真讓人難堪。於是，法蘭克只講了三分鐘便停了下來，靠在椅背上等著，接下來便是尷尬的沉默。法蘭克那位同事如坐針氈，難以忍受這種沉重的靜默。他擔心法蘭克失敗，便急於想打破僵局。正當他正準備說話時，他看見法蘭克在搖頭，便明白了法蘭克的意思，不再往下說了。

這樣尷尬地又沉默了一分鐘。那位總裁抬起了頭，法蘭克沒理他，只是悠然地倚在椅背上等他開口。彼此對視，良久無語。法蘭克知道自己必須沉住氣，只要等的時間足夠長，對方總要先打破僵局。奧尼爾先生終於開口了，他平日並不善交談，而這次卻說了足足半個小時。他說的時候，法蘭克只是讓他說，一句話也不講。

等他說完了，法蘭克說：「奧尼爾先生，您講的話對我很有幫助。您讓我明白了這樣一個事實。您比大多數人都有思想。最初，我來的目的是想幫您這位成功人士解決問題，但透過與您交談之後，我明白您已花了兩年時間來準備解決這一問題。儘管如此，我還是很樂意花些時間，為您提供更好的方法來解決這些問題。我下次來時，一定會帶來一些新的想法。」

此次見面的開場不好，但結尾卻令人滿意。奧尼爾對法蘭克認真傾聽的謙虛態度及獨到的見解留下了極好的印象，雙方後來很快達成幾百萬美元的合作事項。

能說會道不是壞事。但，在與人交往的時候，善於傾聽也很重要。善於聆聽的人，不僅能夠利用一切機會博采眾長，豐富自己，而且能夠留給別人懂禮貌的良好印象。

貧窮只是暫時的

春天裡的一天，一個衣著破舊的男孩，出現在美國俄亥俄州一位非常有名氣的農場主泰勒先生門前。男孩非常誠懇地請求泰勒先生給他一份工作，並表示無論是什麼工作，他都會盡全力做好。泰勒先生見男孩舉止穩重、言辭懇切，感覺不像是個浮躁懶惰的年輕人，便同意了男孩的請求。泰勒先生給了男孩一份相當繁重的工作——負責整個農場的雜務。

泰勒是當地一位極為成功的農場主，他的農場規模在俄州首屈一指。這麼大一家農場，雜務多得令人難以想像：擠牛奶、修剪樹木、收拾殘湯剩飯、清洗豬圈、餵豬……但男孩沒有讓泰勒先生失望，他用他的勤快、認真和條理性從容應對農場的煩瑣雜務，將農場打理得井井有條。男孩不僅讓泰勒先生極為滿意，也引起了泰勒先生的女兒瓊絲的注意。

一天晚上，瓊絲小姐散步路過雜貨倉，她知道男孩到農場後就住在這裡，當她看到雜貨倉裡露出微弱的燈光後，就好奇地趴在窗戶上想看看男孩在幹什麼。她驚訝地發現，男孩居然在一天的勞累之後，正專注地在油燈下讀書。瓊絲走進貨倉，發現原先雜物橫陳、髒亂不堪的貨倉被他收拾得乾乾淨淨，男孩正在讀一本高中課本。

他告訴瓊絲，他父親在他很小的時候就去世了，所以，他只能邊打工邊讀書。男孩還告訴瓊絲，等他在農場裡賺夠了學費，他就去讀大學。時間一天天過去，男孩的勤奮、好學、聰明以及他的遠大抱負，都深深地打動了瓊絲，而男孩也在不知不覺間被美麗善良又溫柔的瓊絲所吸引。終於有一天，在瓊絲的一再鼓勵下，男孩向泰勒先生表達了他對瓊絲的愛慕之情。

泰勒先生一聽嚇壞了，一個窮得身無分文的臭小子，居然敢追求他的寶貝女兒，這簡直是對他的污辱。儘管男孩向泰勒先生保證：他一定會讓瓊絲過上幸福美滿的生活，而且他堅信自己有這個能力。泰勒先生對男孩說道：「我承認你是個好小孩，但是我堅決不會讓我的女兒嫁給一個一貧如洗、沒有任何社會地位的人。」

男孩表示這只是暫時現象，透過他的努力，一定能改變這種狀況的。泰勒先生諷刺道：「你知道我的農場能有今天的規模花費了多久的時間嗎？這是從我爺爺開始三代人努力的結果啊！等你有錢有地位的時候，瓊絲恐怕也變成老太婆了。」無論男孩和瓊絲怎麼苦苦哀求，都無濟於事。

傷心絕望的男孩默默地整理好自己的行李，向瓊絲小姐灑淚辭別。

轉眼三十五年過去了。時間來到了一八八〇年，泰勒先生已經是個步履蹣跚的老人了，他讓人拆掉了那間雜貨倉，因為農場又進一步擴大了，需要蓋一間更大的貨倉。在拆掉的一根木頭柱子上，人們發現上面刻著這樣一行小字：一八四五年春天，詹姆斯．艾布拉姆．加菲爾德在此打工。這個名字，包括泰勒先生在內的所有的人都耳熟能詳，因為，他剛剛當選了美國第二十任總統。瓊絲小姐由於父親泰勒先生的頑固阻撓，與第一夫人的尊榮擦肩而過，之後在父親的撮合下，與俄亥俄州一位州議員的兒子結為連理，幾年後鬱鬱而終，芳華早逝。

在生活中做出準確的判斷並非一件容易的事。閱歷和經驗有時候是一筆寶貴的財富，它會幫助你正確地判斷一件事、一個人；但它有時候卻是蒙蔽你眼睛的一團雲霧，它會讓你不自覺地看走眼，並成為你固執地堅持誤判的幫兇。

做人有時候要學會低頭

整理歷史遺跡時，人們發現，在古羅馬遺留下來的雕塑中，被人為破壞最多最嚴重的，是那些以帝王豪傑為首的作品。儘管這些雕塑價值連城，但還是沒能逃過一次次歷史的劫難。無論是戰爭，還是民族災難，人們都會拿這些帝王豪傑的化身來開刀出氣，將它們毀得一塌糊塗。

直至現今為止，在古羅馬保留下來的完整藝術品當中，沒有一件是帝王人物，凡是顯赫一時、馳騁江山的人物雕塑，幾乎都被毀壞。保留最為完整的，倒是一些下等人的雕塑，以及一些小人物。

其中一座為帝王進貢的男傭石雕，最為完好：他單腿下跪，兩手向上，托著一個果盤。無論是模樣，還是形象，都是一副無比卑微的模樣，讓人看了，不禁喚起心中的憐憫，不忍心去碰他。

無獨有偶，在中國，人們在古代遺留下來的文物中同樣發現，帝王將相的雕塑被毀壞得最多，最慘。千百年來，各地幾乎沒有留下一件完好的帝王將相塑身，不管是泥塑，還是銅塑。其次被破壞得最嚴重的，就是那些所謂世代英雄、名門貴客的塑像。

在各地，保留較為完整的歷代雕塑，幾乎也都是一些卑微者的作品。

在陝西的兵馬俑中，保存最完好的竟然也是一尊卑微者的泥塑——跪射俑。保存之完好，令人驚歎，渾身竟然沒有一點磕碰。人們不得不為這一現象深深感歎。巧合的是，除了這些不會說話的雕塑作品，在現實生活中，卑微者也是受到極大保護的。

根據心理學家和歷史學家考證，卑微者的本身，就能使其逢凶化吉，躲過災難。卑微者的表現，原是人類自身一種最原始的自我保護現象。

人在危難與險境當中，只要肯低下頭來，危險往往就會降低一半。許多卑微者，實際上是最沒有危險、最少麻煩的人，而危險總是經常降臨在那些豪傑與英雄們的身上。

美國人瓊斯曾做過一個實驗，在電腦上製作出一些有代表性的人物，供人們在遊戲中擊打：一個大塊頭的人物和一個小塊頭的人物同時出現，威武的大塊頭被擊打的比率超過百分之八十，而小塊頭的人物被擊打的次數就相對少了許多。

當把一個老闆和一個員工放在一起時，挨打最多的自然是有勢力的老闆。這與現實生活中，人們恭維、敬畏甚至懼怕老闆的情景完全相反。把帝王和貧民做成一對電腦人物，帝王挨打的次數是貧民的數十倍甚至數百倍。

躲過危險的，總是處在低下位置的人，引起人們不滿、遭到人們攻擊的，卻正是那些受人尊敬、被人擁戴的大人物。在這裡，事物反差得成了陰陽兩重天，全都對調了過來。

人的一生不光是要追求威武和強大，有時也要學會卑微，學會低下頭來。因為這樣，我們才會顯得更加的平易近人，別人才願意接受和親近我們。

不受歡迎的過路人

在荒郊野嶺的一個地洞裡，田野之神和他的幾個孩子正準備吃飯。一個渾身淋得透濕打著哆嗦的過路人，為了避雨一頭闖了進來。眾神請他一道吃這簡單粗糙的飯菜。他沒謙讓，一屁股坐下後，伸出手掌呵氣來取暖；接著又向剛端上的不令人滿意的湯中吹氣。

瞅著這情景，田野之神問他：「客人，您這是何意？」

「這一次吹氣是為了吹涼我的湯，而剛才則是暖我的手。」過路人回答說。

「您可以走了，」田野之神說，「和您同住一起，將引起別的神不高興，我想還是遠離您這張既能吹涼又會呵熱的嘴巴為好！」

如果一個人在生活中絲毫不考慮別人的感受，別人就會厭棄他，離開他。

給別人留下空間

一位著名企業家在作報告。一位聽眾問：「你在事業上取得了巨大的成功，請問，對你來說，最重要的是什麼？」企業家沒有直接回答，他拿起粉筆在黑板上畫了一個圈，只是並沒有畫圓滿，留下一個缺口。他反問道：「這是什麼？」「零。」「圈。」「未完成的事業。」「成功。」台下七嘴八舌地答道。

他對這些回答未置可否，只是說：「其實，這只是一個未畫完整的句號。你們問我為什麼會取得輝煌的業績，道理很簡單：我不會把事情做得很圓滿，就像畫個句號，一定要留個缺口，讓我的下屬去填滿它。」

與人交往的時候，要顯示自己的才能，也要給別人留有一定的展現空間，這樣，才能使群體的能力得到更充分的發揮。

生存的重要前提

美國加利福尼亞大學的學者曾做過這樣一個實驗：把六隻猴子分別關在三間空房子裡，每間兩隻。房子裡分別放著一定的食物，但放的位置高度不一樣。第一間房子裡的食物就放在地上。第二間房子的食物懸掛在屋頂。第三間房子的食物則分別從易到難掛在不同高度適當的位置上。

幾天後，學者打開房間，發現六隻猴子的生存狀況迥異：第一間房子裡的兩隻猴子一死一傷；第二間房子裡的兩隻猴子全死了。唯獨第三間房子裡的猴子安然無恙。

原因不難明白。擺放在第一間房子地上唾手可得的食物，激起膨脹的私慾，讓兩隻猴子大動干戈，結果非死即傷；第二間房子裡懸掛在屋頂上高不可攀的食物，讓兩隻猴子在無望中，互相感染著悲觀的情緒，彼此孤單地在飢餓和絕望中死去；只有第三間房子裡的猴子，在獨自跳躍取食難以奏效時，同時想到了對方。於是，一隻猴子站在另一隻猴子的肩上，取下食物，兩隻猴子在「疊羅漢」式的兩者組合中，欣喜地發現了一種新的高度，這種高度讓牠們飽食、生存。以至後來離開這間屋子仍然相親相愛。

其實，人與人之間的相處，也類似於六隻猴子的情況。互相撕咬和孤立，都會加速災難的來臨。每個人都有自己的優勢和局限。當感覺到自己的高度不夠時，借肩膀給別人用一下。你借出的肩膀會為你贏得新的高度。你的存在，無形中就成了他人存在的重要前提。

一個人的能力畢竟是有限的，只有大家彼此團結，善於合作，充分發揮群體的力量，才能克服一切困難，戰勝一切險阻，共同達成宏大的目標。

拿捏好彼此間的距離和分寸

一位生物學家在高原上研究狼群，發現每個狼群都有一個半徑十五公里的活動圈。把三個狼群的活動圈微縮到圖紙上，便是一個有趣的現象。

三個圓圈是交叉的，既不隔絕，又不完全相融。

狼群在劃分地盤時，留有一個公共區域。相交部分為牠們提供了雜交的可能性，不相交部分又使牠們保有自己的個性。當活動圈重合，狼群則廝殺，活動圈相離，狼種則退化。

交叉圓理論向世人暗示了一種與親密的人相處的藝術。親密的人之間，應該是兩個相交不相重疊的圓。

交叉部分是彼此共同的世界，可以盡享親情和溫馨，不交叉部分是各自獨有的天地和色彩甚至隱私。再親密的人，也不應該將這部分慷慨地全部讓出，也不能因一時的彆扭而無限地擴大。

當兩個圓沒有了距離時，加重的只是陰影。在陰影的籠罩下，放棄與獲得都被賦予一種疼痛和悲壯。

在這個世界上，和我們相處最近的人，也是常常會和我們發生彆扭和衝突的人。這就是因為我們沒有拿捏好彼此的距離和分寸感。懂得最合適距離的人，才能掌控住完美的感情生活。

只知道**成功的方向**是不夠的

一隻經歷坎坷的老貓，經過多年的苦心琢磨，悟出了一套如何成為貓上貓的哲理警訊，經過牠的策劃與教誨，很多貓都出類拔萃地有了建樹。

一隻黑貓找到老貓，牠想超越所有被老貓教導過的貓。

老貓想了想說：「要想超越牠們，除非你變成身披鳳羽的貓王，只有這樣你才能一統貓界，獨自為尊。」

黑貓非常高興，忙問：「如何才能身披鳳羽而成為貓王？」

老貓告訴牠，只要向南山的鳳凰仙子送上厚禮，鳳凰仙子自然會賜牠一身五彩繽紛的鳳羽。

黑貓害怕老貓再把這個成為貓上貓的方法傳授給別的貓，牠兩拳就將老貓打死。老貓臨死時說：「你會後悔的，只知道成功的方向是遠遠不夠的。」

黑貓準備了九百九十九隻老鼠，送到了南山。只吃五穀從不殺生的鳳凰仙子大怒：「我只收親手耕耘而獲得的五穀！」她當即賜給黑貓一身象徵奸詐險惡的老鷹羽毛，讓牠變成一隻貓頭。

此時黑貓十分後悔，牠後悔沒有留著老貓為自己成為貓王做更詳細的指導。鳳凰仙子看出了黑貓的心思，她說：「毀掉助你攀升的梯子，注定了你要從攀升中跌落。打死老貓的那一刻，你就已經自毀了前程。」

對幫助你的人要存有感激之心，知恩圖報；千萬不可忘恩負義，過河拆橋，否則就等於是自毀前程。

父親和兒子吃荷包蛋

一天早晨，父親做了兩碗荷包蛋麵線，一碗蛋臥上面，一碗上面無蛋。端上桌，父親問兒子：「你要吃哪一碗？」

「有蛋的那一碗！」兒子指著臥蛋的那碗。

「讓爸爸吃那碗有蛋的吧！」父親說，「孔融七歲能讓梨，你已經十歲了，該讓蛋了吧？」

「孔融是孔融，我是我——不讓！」兒子一口就把蛋給咬了一半。

「不後悔？」

「不後悔！」兒子又一口，把蛋吞了下去。

待兒子吃完，父親開始吃。沒想到父親的碗底藏了兩個荷包蛋，兒子傻眼了。父親指著碗裡的蛋，告誡兒子說：「想佔便宜的人，往往佔不到便宜！」

第二天，父親又做了兩碗荷包蛋麵線，一碗蛋臥上面，一碗上面無蛋。

端上桌，問兒子：「你要吃哪碗？」

「孔融讓梨，我讓蛋！」兒子狡猾地端起了無蛋的那碗。

「不後悔？」

「不後悔！」兒子說得堅決。

可兒子吃到底，也不見一個蛋，倒是父親的碗裡，上面一個，下藏一個，兒子又傻了眼。

父親指著蛋教訓兒子說：「記住，想佔別人便宜的人，鐵定會吃虧的！」

第三次，父親又做了兩碗荷包蛋麵，還是一碗蛋臥上面，一碗上面無蛋。

父親又問兒子：「吃哪碗？」

「孔融讓梨，兒子讓麵——爸爸您是長輩，您先吃！」兒子誠懇地說。

「那就不客氣啦！」父親端過上面臥蛋的那碗，兒子吃另一碗麵。

他發現自己碗裡面也藏著一個荷包蛋。

在生活中，要學會謙讓。那些對個人得失不過分在意的，反而容易比那些斤斤計較、患得患失的人獲得更多的收益。

不要讓蛋糕烤焦

很多年前，有一個國王帶著自己的軍隊抵抗鄰國入侵，但經過多次奮戰之後，他的軍隊潰散了，國王偽裝成一個牧羊人逃進了森林。每天都能見到太陽升起和落下，也不知道看見了多少次，現在國王已經沒精力去管這些了，饑餓疲憊的國王走進一個小樹林，他快要餓暈了，正當他絕望的時候，忽然看到眼前有一間樵夫的小屋，便去敲了小屋的門，開門的是樵夫的太太。

國王向她乞求一些食物，並請求留宿一夜。經過幾天的逃亡，國王身上的衣服已經破爛不堪，因為他的外表太寒酸了，樵夫的太太並不知道他真正的身份，她對國王說：「如果你能幫我看著這些放在爐子上的蛋糕，我就給你吃一頓晚飯，我要出去擠牛奶。小心看著蛋糕，在我出去的時候不要讓蛋糕烤焦了。」

國王答應後靠著火爐坐了下來。他全神貫注地看著蛋糕，但沒過多久，他的腦袋裡就全是他的煩惱：怎樣重整自己的軍隊，之後又怎樣抵禦敵人。他想得越多，就越覺得希望渺茫，甚至他開始覺得再繼續奮戰下去也是沒用的。過了不久，樵夫的太太回來了，他看到滿屋子都是煙，蛋糕變成了燒焦的黑炭，而國王坐在火爐旁，出神地看著火焰，根本就沒意識到蛋糕烤焦了。

樵夫的太太生氣地喊道：「你這個懶惰沒有用的傢伙，看看你做的好事，你讓我們都沒有晚飯吃了！」

國王從沈思中回過神來，只能慚愧地低著頭。這時剛好樵夫回來了，他認出了國王。他對太太說：「你知道你罵的是誰嗎？這是我們高貴的國王。」

他的太太嚇壞了，她跑到國王的身前跪下，乞求國王的原諒。

國王請她站了起來，說：「你罵的沒錯，我說我會看好蛋糕，但卻烤焦了，我被你罵是應該的。任何人只要接受了任務，不管任務大小都應該確實負責的去完成。這次我搞砸了，但不會有下次了，我要去完成我做國王的責任。」

那之後沒幾天，國王就重整他的軍隊，打敗了敵人。

任何一件值得你去做的事情，你都應盡自己的能力和義務把它做好。恪守自己的職責，認真地去完成它就是對你自己的最好回報。

班固智鬥強盜

一天，漢武帝的馴馬官和班固各騎一匹奉旨選來的棗紅馬，風馳電掣般地自西向東而來，當他們來到離扶風郡三十里外的杏林時，兩人已是汗水淋漓，氣喘吁吁，於是雙雙下馬仰臥在草地上休息，馬也悠閒地吃著地上的草。忽然，從林中竄出四個手持長矛刀劍的強盜，其中兩人用長矛抵住班固和馴馬官，另外兩人抓住了馬轡繩。

「要想活命的話，就留下馬！」其中一個強盜咬牙切齒地說。

「是！」班固沉著地答道。

馴馬官一聽班固的話，想要站起來與強盜拚命，但被班固悄悄用手拽住了後襟。四個強盜見他倆被制住了，便冷笑兩聲，牽著馬朝林外小路上走去。這時，馴馬官吹出一種讓馬止步的口哨。那兩匹馬立刻站定在地上，任憑強盜如何抽打也都不動。馴馬官見御馬被搶，心急如焚，一時間想不出辦法。班固鎮定自若地說：

「不必擔心，擔心也沒用。走，我們先走出林子再說。」

他倆剛踏上來時的路，就遇到迎面而來的二十多個擔著酒罐的挑客。班固急中生智，想了一個辦法打算要回御馬。胸有成竹的班固二話不說，就朝頭一個人挑的酒罐踢去，兩個酒罐應聲先後落地，酒灑了一地。班固沒等對方明白是怎麼一回事，拉起駙馬官的手朝著四個強盜與御馬站立的地方就跑，剛跑十幾步，這些挑客見班固大白天故意踢碎酒罐，便紛紛抽出扁擔大聲吆喝著從後面追上來。

再說那四個強盜正死拉硬拽這兩匹不肯挪步的馬，忽見一群人高舉扁擔朝他們衝了過來，又見馬的主人在前面帶路，以為是他們倆找來了幫手，便再也顧不上搶來的馬了，急匆匆朝林中逃去……這伙挑客見嚇跑了幾個手執刀矛的人，還不知道是怎麼回事，等到了跟前聽班固一說，這才化怒為喜，連聲稱讚班固機智勇敢。

班固和駙馬官從懷裡掏出了銀兩，加倍賠償了挑客的損失，又給眾挑客買了一罐酒作為酬謝，這才上馬飛馳而去。

在遇到緊急的事變時，不要慌於事變之中，而是要冷靜的分析事態的情形，善於掌控能利用的一切資源。你就會使自己不利的處境得到改變。

自己和別人的關係

村裡住著一個農夫，他的名字叫自己。

自己有個鄰居，他的名字叫別人。

自己矮小，別人高大；自己貧窮，別人富有。

自己有事的時候，總喜歡去找別人。

別人不好意思拒絕，只好幫他。忙是幫了，但別人並不心甘情願：他為什麼老喜歡給我添麻煩？久而久之，別人心裡的怨氣就表現出來了。

當自己求助的時候，別人不是推脫就是應付，偶爾幫一次忙，最後卻總是事與願違，他給自己幫了倒忙。

與此相反，別人對自己不想讓他插手的事情倒是非常熱心，簡直達到了樂此不疲的程度。

自己想穿什麼顏色的衣服、想種什麼莊稼、想討什麼樣的老婆、想蓋多大坪數的房子，別人都喜歡提供意見，樂此不疲。不僅如此，別人還喜歡在村子裡散佈對自己的看法。自己有針尖大的小事，都會讓別人宣傳得滿城風雨。

一開始自己還能忍受，但是時間一長，他就忍無可忍了。

他決定去法院提告，讓法官為他們評斷這場官司。

自己指控別人干涉他人的私事，別人指控自己給別人增添麻煩。二人各執一詞，爭執不下。聽了原、被告雙方的詳細陳述後，法官做了如下判決：把自己和別人各打五十大板。

判決書上還有如下條文：從此以後，自己的事情自己處理，絕對不能要求別人；別人對自己的生活，該關心的一定要關心，不該關心的絕對不要關心，更不能橫加干涉。從此後，自己和別人相安無事。

人和人之間相處應該適當地保持距離，為彼此的心靈留下一點自由的空間，這是平衡人際關係的重要法則。只有把握住必要的分際，才能充分享受合作的樂趣。

視網膜效應

四年前，馬克想要買一輛車。經過一段時間的評估，他決定買一輛墨綠色的中型轎車。當時，他的印象是一般人的車都是白色或黑色，所以他認為自己的選擇很獨特，很有品位。馬克正在為自己買到一部與眾不同的車而沾沾自喜時，突然發現，在高速公路上、小巷子裡，甚至他住的大樓停車場中，都有許多與他要買的同型的墨綠色轎車。他開始感覺很納悶：為什麼大家突然間都開始買墨綠色的車？他把自己的觀察與同事們分享。

有一位女同事當時正好懷孕，聽他講完後就說：「我倒是沒看到很多墨綠色的車。可是我最近倒是發現，無論在哪裡都會看見孕婦。我記得上個星期天在逛百貨公司時，短短兩小時就看到六個孕婦，今年的出生率是不是提高了呢？」

馬克和其他同事都異口同聲地說，沒發現孕婦有增加的現象，她看到那麼多孕婦大概是湊巧吧！後來，有一次聽演講，馬克才瞭解到這種現象在心理學上叫做

「視網膜效應」。簡單地說，這種效應就是當我們自己擁有一件東西或一項特徵時，我們就會比平常人更會注意到別人是否跟我們一樣具備這種特徵。

這個發現對我們有什麼影響呢？戴爾．卡內基很久以前就提出一個論點，那就是每個人的特質當中，大約有百分之八十是長處或優點，而百分之二十左右是缺點。當一個人只知道自己的缺點，而不知發覺優點時，「視網膜效應」就會促使他發現身邊也有許多人擁有類似的缺點，進而使得他的人際關係無法改善，生活也不快樂。

你有沒有發現，常常罵別人很凶的人，其實自己脾氣也不太好？這就是「視網膜效應」的影響力。

一個人要人緣好，要受人歡迎，一定要養成欣賞別人與肯定別人的習慣。因為在「視網膜效應」的運作下，一個看到別人優點的人，才有可能看到對方越來越多的可取之處。能用積極的態度看待他人，往往是良好人際關係的必備條件。

遇到狼的**農夫**與**和尚**

一個農夫在風雪天趕路，衣薄天寒，苦不堪言。忽然，他發現前方兩塊巨石間好像埋著一條毛圍巾。他大喜過望，伸手便扯。

不料，巨石後傳來一聲咆哮，原來「毛圍巾」是一隻大灰狼的尾巴。那野獸正在山石背後小憩，讓農夫這一拽，睡意全無，再加上幾天沒有捕到獵物，腹中飢餓難耐，送上門的大餐怎肯放過？

農夫後悔已晚，只能死命抓住狼尾巴，靠兩塊大石擋住惡狼的鋼牙鐵爪，只要略一鬆手，就會性命難保。千鈞一髮之際，山路上來了一個和尚。農夫大叫：「師父，求您殺狼救我。」

和尚不慌不忙地回答：「罪過，罪過，世間萬物皆有靈，貧僧不敢殺生！」隨後，他口若懸河，大講慈悲之道，勸農夫放棄邪念，皈依佛祖。與此同時，農夫一直咬牙死抓住狼尾巴。

等和尚講完經，眼看就要支撐不住的農夫說：「師父，我和這狼，不是牠死就是我亡。您既不願殺生，但也不能見死不救，有勞您抓住尾巴，我好繞到石頭那面去對付牠。」

和尚沉吟半晌，覺得見死不救的罪名也不小，況且抓住狼尾巴不算殺生，於是就接過農夫手裡的尾巴，緊緊抓住。但農夫並沒有繞到石頭那面去殺狼，而是哼著歌，逕直往山下走去。

和尚驚叫：「喂，施主怎麼不快去殺狼？」

「罪過，罪過！」農夫虔誠地說，「您已經說服了我，我打算從此吃齋念佛，不敢妄開殺戒。」

人的觀點往往是由個人的處境而定。在講大道理的時候，不要忘了設身處地、站在別人的立場上去想想。

碑下的靈魂都在笑

一個西班牙航海員、一個菲律賓大學生、一位哲學家和一位批判主義學者，四個人同時前往麥哲倫遇難的馬克旦恩島遊覽。他們都見到了一塊用英文書寫的黑底白字的兩面碑。

碑的一面記述：

時於一五二一年四月二十七日，拉普拉普率領眾人於此擊潰西班牙侵略者，殺死魁首斐迪南·麥哲倫。菲律賓人在拉普拉普指揮下抵禦了一次歐洲人的入侵。

碑的附近還塑有拉普拉普威嚴的銅像和砍殺麥哲倫的英武畫面。

碑的另一面記述：

時於一五二一年四月二十七日，斐迪南·麥哲倫與馬克旦恩島酋長拉普拉普率領的眾人交鋒，身受重傷，殞命於此。其後，船隊改由埃爾卡諾率領，第二年九月六日，泊歸聖羅卡爾港，首次完成環球航行。

西班牙航海員看了這塊碑首先發出不平，他說，一個愚頑的酋長在狹隘的地方主義衝動下，殺死讓人類認識轉折、文明飛躍的航海家，這本身已是歷史的一大悲哀；怎麼反而在這裡塑造起酋長的銅像，還有那個殘忍的畫面！

菲律賓大學生聽了也很不以為然地說：「不，那年麥哲倫在這裡已受到當地人的熱情款待，還為他的船隊補充了足夠的糧食，只是這個不大的馬克旦恩島的島民不願接受麥氏的傳教和洗禮。難道麥哲倫就應該憑藉他手中的槍炮實力殺戮無辜島民嗎？文明何有？公理何在？這完全是侵略者應有的下場。」

哲學家笑了笑：「我看這塊兩面碑，就是歷史唯物主義的一個典範。它既維持了民族尊嚴，又記述了歷史真實；既緬懷了艱難的人類文明進程，又讚歎了民族主權應有的莊嚴。聰明的歷史在這裡凝成了琥珀！」

批判主義學者十分反感這種用哲學遮蓋下的調和。他說，任何沒有是非沒有善惡的說法都是滑稽的。

「沒有善惡，就等於沒有靈魂。兩種截然相反的觀點居然刻在同一塊碑上，這究竟是拉普拉普的悲哀，還是麥哲倫的不幸？究竟是我們判別能力的低下，還是有人故意製造錯亂？」

他們誰都理由十足，誰也沒有辦法說服誰；他們辯論了很久，個個面紅耳赤，口沫橫飛，但誰也沒有想到，碑下的英靈，無論是拉普拉普還是麥哲倫，都一直在笑。

在生活中，我們都極易被自己固有的觀念所左右，當遇到不同意見的時候，就試圖努力去說服對方。實際上，很多時候，在很多事情上，並不一定要求每個人的思想都是一致的，正是因為每個人的思想和看法有所差異，才使得世界顯得更加豐富多彩。

要經過三個篩子篩選

某一天，一個人急急忙忙地跑到某位哲人那裡，說：「我有一個消息要告訴你……」

「等一等，」哲人打斷了他的話，「你要告訴我的消息，用三個篩子篩過嗎？」

「三個篩子？哪三個篩子？」那人不解地問。

「第一個篩子叫誠實。你告訴我的消息確實是真的嗎？」

「不知道，我是從街上聽來的。」

哲人接著說：「你要告訴我的消息就算不是真實的，也應該是善意的吧？」

那人躊躇地回答：「不，剛好相反……」

哲人再次打斷他的話：「那麼請問，使你如此激動的消息很重要嗎？」

「並不怎麼重要。」那人不好意思地說。

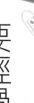

別做不受歡迎的人生過路人

哲人說：「既然你要告訴我的事，既不是真實的，也非善意，而且又不重要，那麼就請別說了吧！以免困擾了你和我。」

我們想告訴別人什麼消息的時候，也需要先用「真實、善意、重要」這三個篩子篩一下。感覺不必說的話，就不要說。要學會掌管好我們的舌頭，千萬不要無事生非，散播流言。

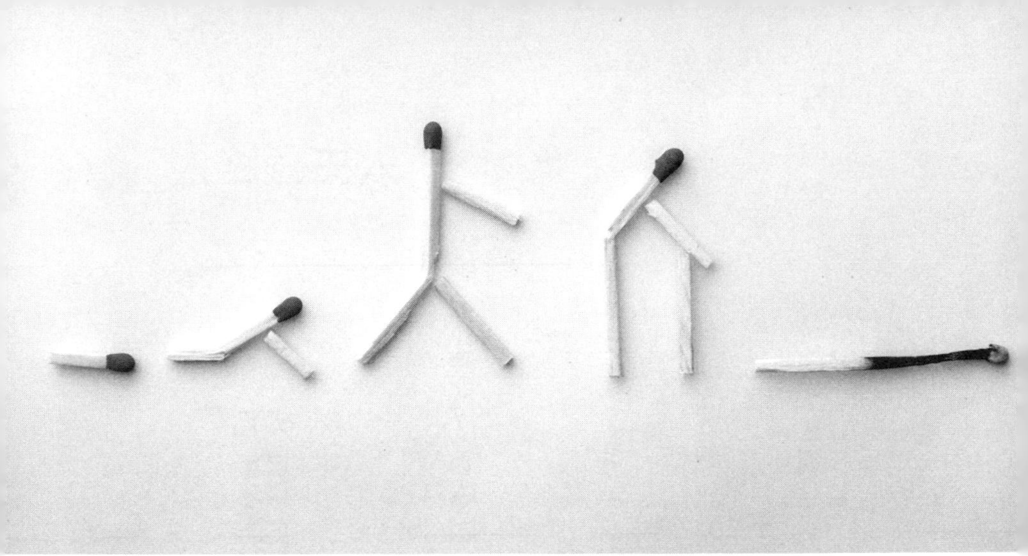

Chapter 02

讓障礙成為風景

「障礙」只是我們對某種事物或境況的一種理解，

我們也可以達觀些，

把它們看做是生命長河中一道道亮麗的風景。

繫好自己的鞋帶

克萊夫八歲大的女兒有一天回到家裡時很煩躁，不想玩也不想看書。克萊夫把她抱在懷裡問她原因。

「沒什麼。」她說，眼睛看著地板。

「是不是鄰家那個孩子又欺負你了？」他問女兒。

「不是，爸，我只是感到不開心而已。」

他順著她的視線望向她的帆布鞋，見到鞋髒了，鞋帶也散開了。

「你的鞋帶散開了。」克萊夫說。

「是的，我不斷被絆倒。」

克萊夫讓她坐在沙發上，然後跪著替她把鞋帶繫好。

他再抬頭看她，她正望著自己，臉上似乎有了快樂的表情。

「現在感覺怎樣？」他問女兒。

「好了，爸——好多了。」

克萊夫瞭解那種感覺。

他們沒有長談怎樣待人處世，爭取高分或長大成人的重要。他們只是解決了那一點因鞋帶散開、鞋裡進了沙粒、或是鞋子進水而導致的煩惱，如此一來令人不安的煩惱就自然消失了。

有時候困擾我們的煩惱只是一件微不足道的小事，只要稍加調整，就能輕易得到有效的解決。

你的身體沒有被查封

一九二九年，紐約股市崩盤，美國一家大公司的老闆憂心忡忡地回到家裡。

「你怎麼了？親愛的！」妻子笑容可掬地問道。

「完了！完了！我被法院宣告破產了，家裡所有的財產明天就要被法院查封了。」他說完便傷心地低頭飲泣。

妻子這時溫柔的說道：「你的身體也被查封了嗎？」

「沒有！」他不解地抬起頭來。

「那麼，我這個做妻子的也被查封了嗎？」

「沒有！」他拭去了眼角的淚，無助地望了妻子一眼。

「那孩子們呢？」

「他們還小，跟這些事根本無關呀！」

「既然如此，那麼你怎能說家裡所有的財產都要被查封呢？你還有一個支持你的妻子以及一群有希望的孩子；而且你有豐富的經驗，還擁有上天賜予你的健康的身體和靈活的頭腦。至於失去的財富，就當是過去白忙一場算了！以後還可以再賺回來的，不是嗎？」

三年後，他的公司再度成為《財富》雜誌評選的五大企業之一。這一切成就僅靠他妻子的幾句話而已。

愛比克泰德說：「智者不為自己沒有的悲傷而活，卻為自己擁有的歡喜而活。」

把你承受的容積放大些

有一個師父對於徒弟不停地抱怨這抱怨那，感到非常厭煩。於是，有一天早晨，他派徒弟去取一些鹽回來。當徒弟很不情願地把鹽取回來後，師父讓徒弟把鹽倒進水杯裡，然後喝下去，並問他味道如何。

徒弟吐了出來，說：「很苦。」

師父笑著讓徒弟帶著一些鹽，跟著他一起去湖邊。

他們一路上沒有說話。來到湖邊後，師父讓徒弟把鹽撒進湖水裡，然後對徒弟說：「現在你喝點湖水。」

徒弟喝了口湖水。師父問：「有什麼味道？」

徒弟回答：「很清涼。」

師父問：「嘗到鹹味了嗎？」

徒弟說：「沒有。」

然後，師父坐在這個總愛怨天尤人的徒弟身邊，握著他的手說：「人生的痛苦如同這些鹽，有一定的數量，既不會多也不會少。我們承受痛苦容積的大小決定痛苦的程度。所以，當你感到痛苦的時候，就把你承受的容積放大些，不是一杯水，而是一個湖。」

痛苦是有限的，而我們的心胸可以無限擴大，以至包容一切。

沒有煩惱的地方

在生活中，總會聽到人們說：「如果能減輕一些辛勞和痛苦，或是最好完全沒有苦惱，那麼這個世界就更美好了。」事實果真如此嗎？

有一天，迪斯克走在紐約的第五大街上，朋友喬治從對面走過來。他神情憂鬱，十分憔悴，看起來他的情緒非常低落。

迪斯克很同情他，和他打招呼：「喬治，你好嗎？」

他向迪斯克訴說他不如意的近況，愈聽他說，迪斯克就愈加憐憫他。

「為什麼受了那些衝擊，你就消沉下去了呢？」他聽了之後有些惱怒地說：「苦難太多了，倒霉的事接二連三，真是夠晦氣的了！我再也受不了了。」他激動得幾乎忘了和誰在說話，他咬牙切齒的述說著自己遭遇的苦難。就在喬治滔滔不絕說個沒完的當下，迪斯克插嘴道：「喬治，我很希望能幫助你，能不能告訴我，我應該怎麼做？」

他幾乎是慘叫般地說：「真的嗎？那就幫我趕走苦難吧！如果你能做到，我們將會成為永遠的好朋友。」

任何時候我們都希望有機會與人成為莫逆之交。把喬治所處的境遇仔細思考過後，迪斯克終於想到了一個解決的方法。也許對他來說是不太愉快的建議，但至少是實際的。迪斯克問他：「喬治，請你誠實地回答。你剛才說希望趕走大部分的苦難。事實上，你是想最好就在這裡把全部的苦難都趕走吧？」

「不錯，我已經到了忍耐的極限了。」他表情沉悶地回答道。

「知道了。我相信我可以幫得上忙。前幾天我到一個地方去辦事。那裡的負責人說他們那裡有十萬人，但沒有一個人有苦惱。」

喬治的眼睛第一次亮了起來，臉色紅潤，他由衷地說：「那正是我希望的地方，請帶我去那裡吧！」

迪斯克回答說：「不過，那裡是烏德倫墓地。」

面對人生旅途上遇到的一切問題，要冷靜地去面對，理性地思索，努力尋求應對和解決的辦法。

不經過冬天也就沒有春天

第一次寒流總是最難以忍受的。在打著哆嗦穿衣服的時候，格林尼就思量：要是我能在每年的十一月初左右，就帶著全家人搬到南方去，一直待到春天再回來，那該有多好啊！但是，接著他便決定，要是在堪薩斯待到感恩節過後，倒也無所謂。他喜歡看冬季的悄悄降臨，喜歡看最後一片樹葉掉落，還喜歡看那蕭瑟的景色堅韌地緊緊裹著大地。

他想，在佛羅里達一定會因為看不到家鄉十一月裡寂靜寒冷的黃昏，而感到若有所失——來去匆匆的人們把頭縮在衣領裡，一個個默不作聲，神情默然，不過倒並不是絕望，而是一種既來之則安之的心情，像一縷青煙般那樣的平靜。

格林尼想：感恩節過後，在聖誕的裝飾物被構建起來後，自己很可能會決定，等到新年的第一天過後再離開家鄉。

走在購物者的人群當中，透過輕飄曼舞的細雪看那光輝奪目的櫥窗，真是別有一番情趣。這和穿著泳裝過聖誕的氣氛可能不大一樣。我們姑且過完新年，然後再來一次短期旅行吧！他知道接著會有什麼結果。那時，要不是已經是春天的話，春天也即將來臨了，接著，商店出售春耕種籽的分類價目表潮湧而至。

一月很快就會過去，二月是一個短月，再下來，伴著啼唱的知更鳥、茸茸的絮柳和正在吐露的幼芽，三月接踵而至。然而，設想一下自己離開家鄉而在春天回來，從茂密的棕櫚林和木蘭花叢中回來，看見黑色的枝幹上長出一片細長淡綠的葉子，會感到一陣激動嗎？春天是開放的季節，她把自己從冬天的束縛中解放出來，溫暖和生機的復歸使人們充滿歡欣。

但是，假如根本沒有冬天。一個對冬天一無所知的人，他怎麼會去熱愛春天呢？要是你從來沒有見過冰封的溪水，你哪裡會有看到歡快溪流時的驚喜呢？

> 冬天來了，春天還會遠嗎？在我們遇到困境的時候，我們應該保持一顆樂觀的心態去對待生活隨之而來的一切。四季的轉換，日夜的更替都是世間永恆的事情，因此在生活中遇到困難和艱辛也都是很正常的。

困境是督促自己前進的動力

有一天，素有森林之王之稱的獅子，來到了天神面前：「我很感謝你賜給我如此雄壯威武的體格、如此強大無比的力氣，讓我有足夠的能力統治這整片森林。」

天神聽了，微笑地問：「但是這不是你今天來找我的目的吧！看起來你似乎為了某事而困擾呢！」

獅子輕輕吼了一聲，說：「天神真是瞭解我啊！我今天來的確是有事相求。因為儘管我的能力再好，但是每天雞鳴的時候，我總是會被雞鳴聲給嚇醒。神啊！祈求您，再賜給我一個力量，讓我不再被雞鳴聲給嚇醒吧！」

天神笑道：「你去找大象吧！牠會給你一個滿意的答覆的。」

獅子興沖沖地跑到湖邊找大象，還沒見到大象，就聽到大象跺腳所發出的「砰砰」響聲。

獅子加速地跑向大象，卻看到大象正氣呼呼地直跺腳。

獅子問大象：「你為何發這麼大的脾氣？」

大象拚命搖晃著大耳朵，吼著：「有隻討厭的小蚊子，總是鑽進我的耳朵裡，害我都快癢死了。」

獅子離開了大象，心裡暗自想著：「原來體型這麼龐大的大象，還會怕那麼瘦小的蚊子，那我還有什麼好抱怨的呢？畢竟雞鳴也不過一天一次，而蚊子卻是無時無刻地騷擾著大象。這樣想來，我可比牠幸運多了。」

獅子一邊走，一邊回頭看著仍在跺腳的大象，心想：「天神要我來看看大象的情況，應該就是想告訴我，祂並無法幫助所有人。既然如此，那我只好靠自己了！反正以後只要雞鳴時，我就當作雞是在提醒我該起床了，如此一想，雞鳴聲對我還算是有益處呢！」

任何人都會遇上麻煩事，都會有自己的煩惱。但是，每個困境都有其存在的正面價值。只要願意，任何一個障礙，都可以成為一個激勵自我的契機。

生活在鏡子裡

有一個人，他在年輕時拚命賺錢，中年時終於實現了自己的夢想，成為一個富翁。

可是物質豐富的他，其實並沒有因為達到夢想而感到發自內心的快樂。他的一個經營香草農園的高中同學，反而過著平凡卻快樂的生活，時常可以看見他那愉快的笑臉。

對此他十分不解。

有一天，他很不甘心地請教這位同學：「我的錢可以買一百個香草農園，可是為什麼我卻沒有你來得快樂呢？」

同學指著旁邊的窗子問：「從窗外你看到了什麼？」

富翁說：「我看到很多人在逛花園。」

同學又問：「那你在鏡子前又看到了什麼呢？」

富翁看著鏡子裡憔悴的自己說：「我看到了我自己。」

「哪一個風景較為遼闊呢？」

「當然是窗子看得遠了。」

同學微笑著說：「就因為你是活在鏡子的世界裡呀！當你試著將鏡子後面的那層水銀漆剝掉，你就會看到全世界。」

幸福的真諦不在於擁有，而是分享。與人分享快樂的人，永遠都有享用不盡的快樂。

羨慕對方的生活

下午放學後，傑克獨自一個人坐在學校旁的空地上看書的時候，一隻燕子揮舞著翅膀吧嗒吧嗒地停在傑克面前。

傑克放下手中的書本，看著低頭整理羽毛的燕子說：「燕子啊！我好羨慕你有對翅膀，可以飛到任何你想去的地方。我就不行了，如果沒有交通工具，沒有公車，沒有火車，我哪裡都去不成。你知道嗎？我到現在還沒搭過飛機呢！」

燕子停止整理羽毛的動作，抬起頭看著傑克說：「親愛的男孩，在天空飛翔並不見得想到哪裡就可以到哪裡啊！我必須先知道自己想去哪裡，要去哪裡。有時候，漫無目的地飛令我感到厭倦。在這個時候，我就想要有個自己的家，跟你一樣，可以好好休息，好好睡覺。可是，這是沒辦法完成的願望，燕子生來就得隨著季節遷徙。」

傑克怔了一下，笑著繼續對燕子說：「燕子，你知道嗎？雖然你這樣說有道理，但我還是很羨慕你。我夢想有對翅膀，可以在湛藍的天空飛翔。我不喜歡學校的規定，不喜歡爸爸媽媽給我的規定，那些東西都不是我想要的。我有自己的想法，但他們老是告訴我這個不能做，那個不能做。不像你，可以不用管這些無聊的規定，自由自在地飛著。」

燕子抖抖自己的身體，輕聲地說：「小男孩，並不是有了翅膀你就會成為燕子或者成為天使，然後可以照著自己的想法去做一切的事情。如果有了翅膀就可以是燕子或天使的話，那你去買一件附有翅膀的衣服就可以了。」

「如果你想跟燕子一樣，自由自在地飛著，你就必須捨棄很多的東西，你必須捨棄你的父母，你的朋友，捨棄你溫暖的家。下雨的時候，你只能躲在樹林裡，草叢中，還得提防周圍的危險。說不定睡覺的時候，會有狡猾的狐狸跳出來咬你一口呢！大自然是有它的法則存在的。我必須瞭解大自然的法則，遵守大自然的法則，該飛的時候就飛，該休息的時候我就休息。就算你真的捨棄了你的父母，你的同學，你溫暖的家，你還是必須遵守大自然的法則。與其在這裡羨慕燕子，小男孩，你不如想想看，要怎樣才能在你的生活裡得到樂趣，要怎樣才能讓自己過得快樂。只有真正可以從生活中找到樂趣的人，才是真的自由自在，不受牽絆的。」

「我不懂。有那麼多的規定，我怎麼可能過得快樂呢？」傑克放下手中的書本，走到燕子面前。

「對，就是要在那麼多的規定中找到你自己可以快樂的方式，你才會得到真正的快樂。就像你在這裡看書，你覺得快樂嗎？」

「快樂啊！我好喜歡看書，每次看書都會讓我覺得快樂，讓我覺得我好像跟書中的人物一起過了一個愉快的下午。」傑克興奮地點點頭。

「是啊！小男孩。你也許是在許多的規定中生活，但是，你還是可以找到可以讓你自己快樂的方式，不是嗎？這樣的快樂才是真實的喔！不要羨慕燕子了，燕子也很羨慕你呢！」

我們總是覺得，別人比我們快活，這其實是一種錯覺。「境由態來改變生活。」

窗外的世界

從前有兩個重病的病人，同住在一家大醫院的小病房裡。房間很小，只有一扇窗子可以看見外面的世界。其中一個人，在他的治療中，被允許在下午坐在床上一個小時（有儀器從他的肺中抽取液體），他的床靠著窗，但另外一個人終日都得平躺在床上。

每當下午睡在窗旁的那個人在那個小時內坐起的時候，他都會描繪窗外景致給另一個人聽：從窗口向外看可以看到公園裡的湖。湖內有鴨子和天鵝，孩子們在那兒撒麵包片，放模型船，年輕的戀人在樹下攜手散步，在鮮花盛開、綠草如茵的地方，人們玩球嬉戲，後頭一排樹頂上則是美麗的天空。

另一個人傾聽著，享受每一分鐘。他聽見一個孩子差點跌到湖裡，一個美麗的女孩穿著漂亮的洋裝……他朋友的述說幾乎使他感覺自己親眼目睹了外面所發生的一切。然而，在一個天氣晴朗的午後，他心想：為什麼睡在窗邊的人可以獨享看外頭的權利呢？為什麼我沒有這樣的機會？他覺得不是滋味，他越這麼想，就越想換床位。

他一定得換才行！有一天夜裡他盯著天花板瞧，另一個人忽然驚醒了，拚命地咳嗽，一直想用手按鈴叫護士來。但這個人只是旁觀而沒有幫忙——儘管他感覺同伴的呼吸已經停止了。第二天早上，護士來的時候那人已經死了，只能靜靜地移走他的遺體。過了一段時間後，這人開口問，他是否能換到靠窗戶的那張床上。他們搬動了他，幫他換了床位，使他覺得很舒服。他們走了以後，他企圖用手肘撐起自己，吃力地往窗外望……

窗外只有一堵空白的牆。

如果你自己對現實不滿，不妨假想自己擁有更好的環境。面對現實，享受自己的生活，不要和別人攀比。這樣，生活中你就會減少許多煩惱。

嚮往鄉村的鞋匠

從前有一個鞋匠，住在自家門窗緊閉的鞋店裡，所謂鞋店，不過是一間閣樓。他一邊工作，一邊透過僅有的一扇窗戶望著太陽，也唯有這扇窗戶，才能給這位不幸的鞋匠師父遞來光線。

這個故事發生在美國南方的一個城鎮。可是普照大地的太陽，一天裡只有兩三個鐘頭的時間，給窮鞋匠的家送進去一道窄窄的陽光。

可憐的鞋匠透過小窗戶，遙望著蔚藍的天空，一面工作，一面歎息著，他嚮往著未曾見過面的大自然。

「這樣的天氣，能出去走走該有多好啊！」他時常大聲地說。

當某位顧客給他送來住在對面馬車伕的一雙骯髒的皮靴時，他總要問：「外面天氣好嗎？」

「好極了！四月的豔陽天，不冷也不熱。」

鞋匠師父的歎息更加深沉了，接過靴子，狠狠地往角落裡一扔，說：「你們運氣真好，星期六來取靴子吧！」

他試圖用歌聲來解悶，他不停地哼呀哼，一直唱到天黑下來。

每天他都渴望地凝視著天空，長吁短歎，直到夜幕降臨。

這個不幸的人倒很喜歡黑夜，因為他那悲慘的命運使他在黑夜來臨之前是呼吸不到新鮮空氣的。

一天，一個住在同樓的主顧，帶著一雙要修的皮鞋，來到他的閣樓。見面以後，由於鞋匠向他訴苦，說他總是見不到自己所渴望的鄉村，那人便對他說：「是啊！加斯帕爾。所以我認為趕驢的人是世界上最幸福的人。」

「趕驢的人？」

「對。他們來來往往，飽享著新鮮的空氣，聞著芳馨的花草。他們是大自然的主人。那確實是一種最美好的工作。」

主顧走後，加斯帕爾陷入沉思，一整夜都沒有睡著，第二天一大清早，他下定了決心：「讓侄子暫代店裡的事，我要用攢下的五十元買一頭驢，做一個趕驢的人。」於是，他便照著自己心裡所想的做了。

八天後，他成了一個搬運夫。

「多麼美好的天氣啊！空氣多麼新鮮啊！現在才是真正的在過生活，才是沒有讓我在那屋頂下的黑洞裡枉過一生的大好時光。」加斯帕爾開始了第一次出行，他一邊採擷路旁的花朵，一邊放聲歌唱。

他走了將近一英哩，也沒見到一個人。加斯帕爾如願以償，成了田野裡獨一無二的主人。

就在他轉彎的時候，突然竄出三個人來，大聲喊道：「不許動！」一個人把驢搶去騎上倉皇的逃走了。第二個人抓住他，第三個人把他剝個精光，怕他追趕，又用棍子狠狠地打了他幾下，打得他渾身青一塊紫一塊的。要是在城裡，肯定會有人聽到他的呼救聲，然而在這裡卻沒人聽得見。在光天化日之下，歹徒竟敢這樣膽大妄為！

他拚命地呼喊：「救命啊！救命啊！我快要死了！」

五分鐘以後，一個農夫趕著馬車打這裡經過，把他救起來，用毯子讓他裹上，載著他進城去，送到他的家門口。

他的侄子和鄰居見狀大驚，紛紛前來詢問，但他一言不發，有許多天都沒有聽到他講一句話。

有一天下午三點多的時候，樓梯上忽然傳來要到鄉間去旅行一趟的聲音：「咱們過一會兒就動身。」

「多好的天氣！叫表哥也一塊兒去吧！」

加斯帕爾一個人待在閣樓裡，輕蔑地抬頭望了一眼天空說：「天氣好！挨一頓狠揍就更妙了！」

對幸福生活的希望，「這山望著那山高」的想法是需要的，但最重要的是享受自己的生活。

讓自己看到星星

在美國，一位叫塞爾瑪女士的內心愁雲密佈，生活對她而言只是一種煎熬。

為什麼呢？因為她隨丈夫從軍。沒想到部隊駐紮在沙漠地帶，住的是鐵皮屋，與周圍的印第安人、墨西哥人語言不通；當地氣溫很高，在仙人掌的陰影下都高達四十度；更糟的是，後來她丈夫奉命遠征，只留下她獨自一人。因此她整天愁眉不展，度日如年。

怎麼辦呢？百般無奈的她只好寫信給父母，希望能回家。

久盼的回信終於到了，但拆開一看，她感到大失所望。父母既沒有安慰自己幾句，也沒有說叫她趕快回去。那封信裡只有一張薄薄的信紙，上面也只有短短的幾行字。

這幾行字寫的是什麼呢？

「兩個人從監獄的鐵窗往外看，

一個看到的是地上的泥土，

另一個看到的卻是天上的星星。」

她一開始非常失望，還有幾分生氣，怎麼父母回的是這樣的一封信？但儘管如此，這幾行字還是引起了她的興趣，因為那畢竟是遠在故鄉的父母對女兒的一份關切。她反覆的看，反覆的琢磨，終於有一天，一道閃光從她的腦海裡掠過。這閃光彷彿把眼前的黑暗完全照亮了，她驚喜異常，每天緊皺的眉頭一下子舒展了開來。大家知道這是為什麼嗎？

原來在這短短的幾行字裡，她終於發現了自己的問題所在：她過去習慣性地低頭看，結果只看到了泥土。但自己為什麼不抬頭看？抬頭看，就能看到天上的星星！而在我們的生活中一定不只是有泥土，一定會有星星！自己為什麼不抬頭去尋找星星，去欣賞星星，去享受星光燦爛的美好世界呢？

她這麼想，也開始這麼做了。

她開始主動和印第安人、墨西哥人交朋友，結果更是另她十分驚喜，因為她發現他們都十分的好客、熱情，慢慢他們都成了她的朋友，還送給她許多珍貴的陶器和紡織品作禮物；她研究沙漠的仙人掌，一邊研究，一邊做筆記，沒想到那仙人掌是那麼的千姿百態，那樣的令人沉醉著迷；她欣賞沙漠的日落日出，她感受沙漠裡的海市蜃樓，她享受著新生活給她帶來的一切。沒想到慢慢地她找到了星星，真的感受到星空的燦爛。

她發現生活中的一切都變了，變得使她每天都彷彿沐浴在春光之中，每天都彷彿置身於歡笑之間。後來她回美國之後，根據自己這一段真實的內心歷程寫了一本書，叫《快樂的城堡》，引起了很大的迴響。

世界上每件事都有它不同的一面，關鍵是我們選擇以怎樣的角度來看問題！只要我們選擇了正確的角度，我們的人生就會充滿陽光。

第四十一個遇險者

在阿爾卑斯山麓，有個著名的修道院，院長凡蒂斯是個很有學問、很善良的長者。他從事慈善事業，馴養了一隻身高力大的救生犬。這隻救生犬渾身像炭一般黑，名字叫黑蒙。大雪封山的季節，常有人在山裡遇險。凡蒂斯院長一接到求救訊息，就在黑蒙的脖子上套上救生袋——裡面裝有烈酒、香腸、麵包等物，接著就把遇險者的衣物給牠嗅。黑蒙就飛跑進深山裡，一路追蹤著遇險者的氣味，一直到找到遇險者為止。遇險者看見黑蒙就如看見救星，他們解開黑蒙帶來的袋子，用烈酒驅寒，用藥膏擦凍傷，用香腸和麵包充飢，然後，由黑蒙帶領走出深山叢林。如果遇險者走不動了，黑蒙身上的袋子裡還有筆和紙，遇險者在紙上寫清自己的情況及需要，黑蒙就會將那張求救紙帶出來，再由救護人員趕到現場。

幾年來，黑蒙已經救出過四十個人，牠的名氣越來越大了。這是一個寒冷的冬天，阿爾卑斯山脈大雪覆蓋，業餘登山家華生特在一次小型雪崩中失蹤了。

登山俱樂部的負責人拿著華生特進山前脫下的一件襯衫，急匆匆地趕來向凡蒂斯院長求助。凡蒂斯院長立即找來黑蒙，讓牠聞了華生特襯衫上的氣味。黑蒙對這一切很熟悉，牠蹲在院長面前，由院長親手掛上救生袋，院長在牠的鼻子上畫了十字，祝福牠出征順利，「孩子，去吧！這是第四十一個！」院長向黑蒙輕輕一揮手，黑蒙像一道黑色的閃電，很快進入白雪皚皚的阿爾卑斯山區。牠像往常一樣，對自己的任務充滿了信心。黑蒙爬過三道雪障，終於找到了華生特。

突遭雪崩的華生特被埋在雪裡，已經昏迷過去。他仰面躺著，只露出一張臉，上面結著一層薄薄的冰殼。黑蒙圍著華生特打轉，牠用嘴拱他，然而華生特卻沒有起來的意思。黑蒙湊到華生特的鼻子跟前，伸出舌頭舔他的臉，一股徹骨的冰冷從舌頭尖傳到心裡。牠停了停，縮回舌頭，等到冰涼的舌頭在嘴裡焐熱後，又伸出來，緊緊地貼在華生特的臉上。失去知覺的華生特在黑蒙舌頭熱量的傳遞下，漸漸恢復了知覺。然而，華生特迷迷糊糊睜開眼睛，他產生的第一個念頭是——狼！

出於本能，華生特積攢起全身的力氣，抽出右臂，舉起身上帶的鋒利的匕首——「刷」的一道寒光，刺進黑蒙的胸膛……

黑蒙兩眼直翻。在毫無心理準備的情況下，突然受到致命一擊，這是牠過去救生行動中從來沒有碰到的，也是萬萬料想不到的。牠狂嚎著，突然旋轉身子，睜著血紅的眼睛，張開大嘴，露出兩排尖銳的犬齒，撲向華生特的咽喉……

然而，牠又突然停住了。牠閉上嘴巴，眼裡的凶光漸漸散去——牠看見華生特緊閉雙目暈眩過去了。黑蒙垂著頭，牠無法咬去插在胸部的匕首。牠轉過身，頭也不回地順著來路，踉踉蹌蹌地向修道院跑去，牠想趕回主人身邊。黑蒙一路滴著血，在皚皚雪原上，染出了一條鮮紅刺眼的路……

當凡蒂斯院長看到黑蒙時，黑蒙的血幾乎流乾了。院長悲痛萬分。他把匕首拔下來，看到在刀柄上刻著華生特的名字。此時黑蒙低低地嗚咽著，把臉依在院長的手背上，漸漸停止了呼吸……

黑蒙死了，華生特活了。順著黑蒙的血路，人們找到了華生特。後來，第四十一個被救者，包括華生特在內，為黑蒙修建了墳墓，立了墓碑，上面刻著黑蒙救出的四十一個遇險者的名字。在墓碑的最後部分，華生特刻上了英國詩人拜倫的詩句：「你有人類的全部美德，卻毫無人類的缺陷。」

在生活中，我們常常會因為誤會和莽撞而傷害對我們最好的人。如果世間多一些理解，少一些不必要的戒備，這世界將會變得更加和諧、美好。

什麼才是真正的信任

這是一堂關於「信任」的課，主題是探討人與人之間的關係，老師奧爾格先生問聽課的學生，什麼才是真正的信任。

大家給出的答案五花八門。奧爾格先生聽後，沒有發表自己的見解，而是話鋒一轉，突然向學生們解釋起物理學上著名的「鐘擺原理」：鐘擺自最高點往下運動，它來回擺動達到的高度點絕不會高於最高點。由於摩擦力和重力的作用，它的擺動幅度會越來越小，直至最後完全靜止。

為了更具體地說明這一點，奧爾格先生當場做了實驗。他用一根三英吋長的細線綁了一把鑰匙，再用圖釘將線的一頭固定在黑板上。然後他將鑰匙撥到一定的高度，放手讓它左右自由擺動。奧爾格先生在一旁觀測它運動的軌跡，在每次鑰匙擺動達到的高度點，用粉筆在黑板上做出記號。大約一分鐘以後，鑰匙完全停止擺動。黑板上的記號完全印證了鐘擺原理！

做了這個實驗之後，奧爾格先生問大家：是否信任他，是否相信鐘擺原理。所有的同學都舉起手來表示相信。

在得到學生們肯定的回答後，他叫人從外面抬進一口碩大的鐘，並讓人把它懸掛在教室的鋼筋橫樑上。接著，他請一位同學坐到桌子上的一把椅子上。那把椅子靠背貼著牆，這位同學坐下後後腦勺恰好貼著水泥牆壁。然後，奧爾格先生將鐘推到距離這位同學鼻子只有一英吋的地方。

一切就緒後，奧爾格先生再一次為大家解釋了鐘擺原理，接著說道：「這口鐘有二百七十磅重，我在距他鼻子一英吋處鬆開鐘，鐘再次擺回時，離他鼻子的距離只會多於一英吋，絕不會碰到他的鼻子，更不會撞上他！」

然後，奧爾格先生看著這位同學的眼睛，問：「你相信這個物理原理嗎？我向你保證，你不會受傷，你信任我嗎？」

大家都注視著這位同學，他臉上冷汗直流，最後，他才點了點頭。

「謝謝。」奧爾格先生說著鬆開了那口鐘。

伴隨著呼呼的聲音，這個龐然大物從最高點往斜下方墜下，迅速地擺向另一端；在到達另一端的最高點後，突然轉向往回擺動，朝著這位同學坐著的地方迫近。然後，就在幾十雙眼睛的注視之下，這位同學大叫一聲，在鐘還未靠近自己之前，幾乎是從桌子上一躍而起，避開了似乎要把他撞得頭破血流的重物。

隨後，大家看見這口鐘在離椅子不遠的點停住了，接著又擺回去。根據鐘到牆壁的距離判斷，如果那位同學還坐在那裡的話，鐘絕對不會撞到他。

頓時教室裡鴉雀無聲。奧爾格先生微笑著問大家：「他相信鐘擺原理嗎？他信任我嗎？」同學們都異口同聲：「不相信！」

人與人密切相處，最重要的就是彼此信任；然而，最難做到的也是彼此真正的信任，尤其是在某些非常特殊的情形下。因此，想要爭取得到別人的信任，就要盡量積極地去相信別人。

能再說一遍你的名字嗎

工作的空檔，西爾維亞喜歡到戶外散步，她的裝扮看起來頗為怪異——黑色大禮帽，金邊黑色太陽眼鏡，足蹬一雙十一號大鞋。

一天下午，她散步時遇到一群高中生，他們大約有二十多人，正在參加大學的特別活動。當她走近時，他們突然哄然大笑起來，開始嘲弄她。西爾維亞尷尬得臉上發燙，躲回工作的圖書館，一整天都無法釋懷。

次日，她不顧同事們的勸阻，決定再到那裡。她仍然是穿那套裝扮。她想讓他們接受自己的奇裝異服，希望他們能學會尊重與自己不同的人。

當西爾維亞走近他們所在的地方時，嘲笑與口哨聲簡直震耳欲聾。她向他們揮手道：「嗨，我叫西爾維亞，你們昨天真的傷害了我的心靈。我是個試圖保持身材的老太太，你們應該希望，當你們未來的妻子到了我這個年齡時，看起來能像我一樣好。」女孩們歡呼起來。然後，她問他們明天是否還在這裡，因為她要給他們一個驚喜。

一個男孩喊道：「她大概會帶把槍來。」

西爾維亞回答：「我不會傷害任何人，尤其是我的新朋友。」

第二天，她帶來了什麼驚喜呢？是餅乾！兩種餅乾分別裝在小袋子裡，用緞帶紮起來，每人一份。

這一次，學生們都很安靜。西爾維亞面帶微笑，在遞出餅乾時，一一問他們的名字，然後建議他們鼓勵他人，透過自己的努力讓世界變得更美好。

當她離開時，一個男孩大聲說：「能再說一遍你的名字嗎？」聽到她的回答，他溫柔地說：「謝謝，西爾維亞。」

人與人之間的溝通和交往並不是真的很難。只要你努力將愛的甜蜜傳遞給你遇見的每一個人，給他們帶來歡笑，你就會成為處處受歡迎的人。

靠秤發的財

從前的秤十六兩一斤，因此有半斤八兩之說。

還在十六兩一斤的年代，縣城南街開著兩家米店，一家字號「永昌」，另一家叫「豐裕」。「豐裕」米店的老掌櫃眼看兵荒馬亂生意不好做，就想出個多賺點錢的方法。一天，他把星秤師父請到家裡，說：「麻煩師父給星一桿十五兩半一斤的秤，我多加一串錢。」

星秤師父為了多得一串錢，滿口答應下來。米店老掌櫃有四個兒子，最小的兒子兩個月前娶了一塾師的女兒為妻。

爹吩咐星秤師父的話被新媳婦聽見了。老掌櫃離開後，新媳婦對星秤師父說：「我爹年紀大了，剛才一定是把話講錯了。請師父星一桿十六兩半一斤的秤，我再送您兩串錢。不過，千萬不能讓我爹知道。」

一段時間後，「豐裕」米店的生意興旺起來，而斜對門的「永昌」米店卻門可羅雀，老主顧也紛紛轉到「豐裕」買米。

到了年底，「豐裕」米店發了財，「永昌」米店卻沒法開張了，把米店讓給了「豐裕」。年三十晚上，老掌櫃很高興出了個題目讓大家猜，看誰猜得出自家發財的祕訣。大家七嘴八舌，有說老天爺保佑的，有說老掌櫃管理有方的……掌櫃嘿嘿一笑，說：「你們說的都不對。發財是靠咱的秤！咱的秤十五兩半一斤，每賣一斤米，就少付半兩，每天賣幾百幾千斤，就多幾百幾千個錢，日積月累，咱就發財了。」

兒孫們驚訝過後，大家都說老人家不顯山不露水的就把錢賺了，實在高明。這時，新媳婦從座位上慢慢站起來，對老掌櫃說：「我有一件事要告訴爹，希望您老人家答應原諒我的過失。」新媳婦不慌不忙，把年初多掏兩串錢十六兩半一斤秤的經過講給大家聽。

她說：「爹說得對，咱是靠秤發的財。咱的秤每斤多半兩，顧客就知道我們做買賣實在，就願買我們的米，我們的生意就會興旺。儘管每一斤米少獲了一點利，可賣的多了獲利就大了，我們是靠誠實發的財呀！」大家更是一陣驚訝。

老掌櫃不相信這是真的，拿來每日賣米的秤一校，果然每斤十六兩半。老掌櫃呆住了，一句話也說不出。第二天，老掌櫃把全家人召集在一起，從腰裡解下賬房鑰匙說：「我老了，不中用了。我昨晚琢磨了一夜，決定從今天起，把掌櫃讓給老四媳婦，往後，我們都聽她的！」

眾人為秤，半兩之差，心明如鏡。做生意，講究「誠」，做人豈不如此？

為人處世必須要坦誠、實在，不能依靠欺騙或蒙騙別人過日子。群眾的眼睛是雪亮的，不管你採取多麼高超的隱祕手段，都不可能永遠瞞過別人。老實做人是最明智的選擇。

只會尊重你的選擇

一位美國年輕人喜歡上一位中國女孩，便緊追不放。最後，中國女孩辭掉了令人羨慕的工作，跟美國年輕人結了婚，飛到大西洋彼岸去了。

「我放棄了那麼好的工作，遠離父母跟你到美國來，這可是我為你做出的犧牲啊！」中國女孩說。

沒想到，美國年輕人卻回答：「不，不，我不認為這是什麼犧牲。在我看來，這只是你的一種選擇。你只要認為你的選擇是正確的，美好的，而且你對你的選擇感到快樂就行了。」

過了不久，女孩又跟丈夫說：「你看，我原來有那麼好的專業，到了美國卻沒有用了，我又得用很長時間來重新學習一門專業。我浪費的這些時間，是不是我為我們的愛情做出的一種犧牲呢？」

沒想到，美國丈夫又說：「不，不，不要老是說犧牲，每個人都得為自己的選擇負責的，既然認為自己的選擇有價值，這個選擇就是正確的，就是值得高興的。」

中國女孩這才意識到，美國人在人際交往中，只會尊重你的選擇，而不會承認你的犧牲。

你做出的所有決定，都必須符合你自己的心願，符合自己的心願才能成為自己的真正選擇。這樣與人打交道，才會擁有真正的平等，同時也能贏得他人的尊重。

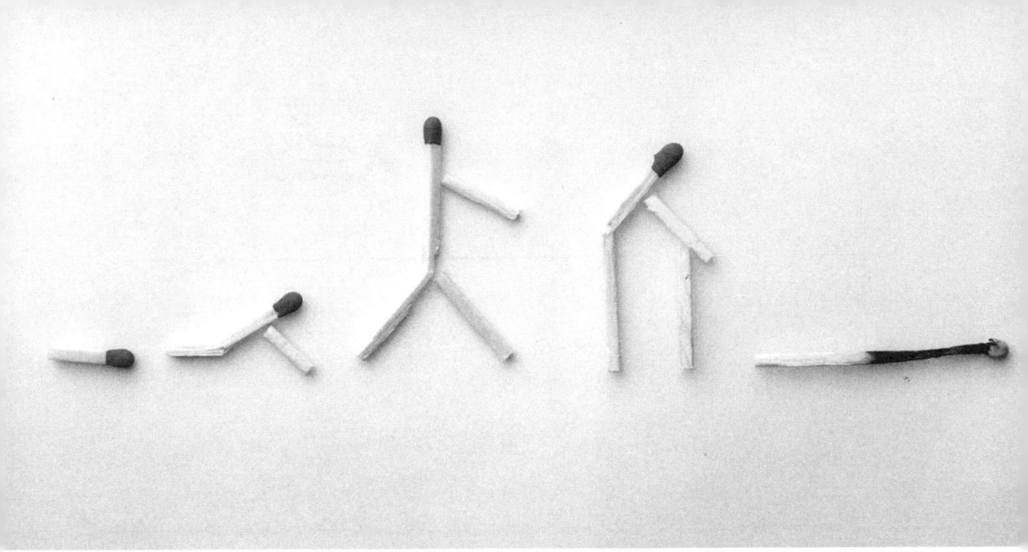

Chapter 03

自己就是機會的創造者

擁有了適當的夢想，

加上超常的信心和不懈的努力，

便可以克服一切困難，戰勝一切挫折。

為了紀念為我接生的醫生

馬林醫生在讀醫科時，深覺讓病入膏肓和殘廢的病人苟延殘喘是莫大的愚行。他極力主張使他們無痛苦死亡，也常與同班同學辯論這個問題。

「那麼我們何必要來學醫呢？」同學們提出抗議，「照顧殘廢和失明的人，正是醫生的天職！」馬林反駁說：「醫生的責任是幫助病人恢復健康。如果病人沒有康復的希望，那還是讓他死了好。」

快畢業的那年，有一晚他在醫院輪值，為一位住在貧民區的德國移民接生。這位已有九個兒女的母親所產下的嬰兒，一條腿比另一條腿短了許多。馬林醫生依照習慣，向嬰兒口中吹氣，讓他呼吸。但過了一會兒，馬林心中就浮起一個念頭：「何苦呢？他一輩子都會一瘸一拐地走路。別的小孩一定會叫他『跛子』。我又何必幫他活下去？這個世界才不會缺少他這樣的人呢！」

不過他醫生的責任感很強，無法制止自己不去使那只肺臟運動，於是他繼續努力。終於，嬰兒發出喘氣的聲音，小臉漸漸轉紅，開始哇哇地哭起來。

馬林醫生收拾好醫具就離開了，一路上不斷譴責自己。他自言自語地埋怨著：「我真不知道怎麼搞的，這家人家這麼窮，本來已經嫌小孩太多了，我為什麼還要救這個有缺陷的小孩呢？少幾個這樣的殘廢人，對世界只有好處。」

很多年過去了。

馬林醫生本人也難逃厄運。他的獨子和媳婦在一次車禍中喪生，小孫女巴巴拉便由他扶養。他對她愛護備至。但在她十歲那年的夏天，一天早晨，她醒來時說覺得頸部僵硬，手和腿都感到莫名的痛楚。

起初以為是小兒痲痺症，後來才知道那是一種罕見的病毒傳染病。由於病症不常發生，醫學課本中只稍稍提了一下。馬林行醫一生亦從未遇到過此症，請教幾位神經科醫生，他們也都束手無策。他們表示這是個絕症，會逐漸惡化，最後使病人變成全癱或部分癱瘓。

一個神經科醫生對馬林說：「最近有一位年輕醫生曾發表一篇文章，談到他醫療這類絕症時，就有幾個痊癒的。他的名字是T．J密勒。」

於是，馬林帶了巴巴拉到密勒醫生的小型醫院去。馬林發現，密勒醫生本人走起路來就是一瘸一拐的。

密勒醫生發覺馬林醫生正注視他的腿部，便說：「就因為我這條跛腿，小孩都把我當自己人。孩子們叫我『跛子』，他們都覺得這綽號很有趣。我喜歡這個綽號。我覺得他比我的真名更親切。我的名字叫馬林，我一直認為它過於嚴肅。我父母為我取這名字，是為了紀念那個為我接生的醫生。」

「馬林！」馬林醫生努力壓抑自己的感情。他回想起當年剛成為醫生時曾對自己說過的一句話：「這個世界才不會缺少他這樣的人呢！」那時是多麼的短視啊！面對著這位能令巴巴拉重新走路的醫生，馬林伸出了手。他說：「有的人雖然有眼睛，對世界卻毫無見識，比起這樣的人，跛腳有什麼關係。」

這個世界並不存在「有缺陷的小孩」；只要勇於拚搏，就能實現自我價值。

一個快樂的無臂者

我是怎樣用打字機打這個故事呢？用我的腳指頭。我生下來就沒有雙臂。一開始父母就使我意識到，我的不利條件比健忘和愚笨還要嚴重得多得多。

「每個人都有某種不利條件，」他倆告訴我，「對你來說，什麼有用就用什麼吧！」

什麼對我有用呢？敏捷的頭腦，雙腳，親愛的父母，還有很多很多。那些年，我不得不摸索各種不同的處理事情方法。我覺得，除了彈鋼琴，我差不多能夠做我想做的一切事情。由於某種境遇而探尋新途徑的可能性，對我們大家都是存在的。你如果被門關在屋子裡，那就另尋出路——找窗戶或天窗好了。

能力有限或殘疾在身並不足慮，我們有數不清的辦法可去解決問題。每天早晨上班，我不用別人幫我穿衣服。繫領帶之前，我先把它打個結，再把它套在已經扣好一半紐扣的襯衫的領子上，然後低頭鑽進襯衫裡，就像你們穿套領毛衣似的。

我靠一條腿站在鏡子前，用另一隻腳扣襯衫上還沒有扣完的紐扣，再把領帶繫緊。穿外套和穿襯衫一樣，先扣好紐扣，再套在頭上。過程雖然不同，但結果是一樣的。

最近，在一架飛越全球的班機上，我注意到女乘務員在分發食品時頻頻看我。後來她到底開口了：「你把手錶戴在腳脖子上了！」

當時我正在看書，而且照例用腳拿書，錶是顯而易見的。

「這在紐約是最時髦的！」我掩笑答道。

她點點頭走了，五分鐘後又回來了。

「很抱歉，我不知道您是殘疾人，但願沒有得罪您。」

我叫她放心，那談不上什麼得罪。其實，我倒喜歡別人注意到我的想像力。怎樣把手錶做成「腳錶」呢？很簡單，只要給錶帶加三四個鏈節就行了。我的主意就是舉一反三，別開生面。我們要擴展眼界，開拓心胸，做到及所不及。

有限的能力使你止步不前嗎？或是什麼東西擋在你的面前了？只要你不失去往前衝的熱情，就一定能不斷地找到新的道路。

我跑步不單是為了自己

派蒂．威爾森在年幼時就被診斷出患有癲癇。她的父親吉姆．威爾森習慣每天晨跑。有一天，戴著牙套的派蒂興致勃勃地對父親說：「爸，我想每天跟你一起慢跑，但我擔心中途會發病。」

她父親回答說：「萬一你發病，我也知道如何處理。我們明天就開始跑吧！」

於是，十幾歲的派蒂就這樣與跑步結下了不解之緣。和父親一起晨跑是她一天之中最快樂的時光；跑步期間，派蒂的病一次也沒發作。

幾個禮拜之後，她向父親表示了自己的心願：「爸，我想打破女子長距離跑步的世界紀錄。」她父親替她查吉尼斯世界紀錄，發現女子長距離跑步的最高紀錄是八十英哩。

當時，讀高一的派蒂為自己訂立了一個長遠的目標：「今年我要從橘縣跑到舊金山（六十四多公里）；高二時，要到達俄勒岡州的波特蘭（二千四百多公里）；

高三時的目標在聖路易市（三千二百多公里）；高四則要向白宮前進（四千八百多公里）。」

雖然派蒂的身體狀況與他人不同，但她仍然滿懷熱情與理想。對她而言，癲癇只是偶爾給她帶來不便的小毛病。她不因此消極畏縮，相反的，她更珍惜自己已經擁有的。

高一時，派蒂穿著上面寫著「我愛癲癇」的襯衫，一路跑到了舊金山。她父親陪她跑完了全程，做護士的母親則開著旅行拖車尾隨其後，照料父女兩人。

高二時，她身後的支持者換成了班上的同學。他們拿著巨幅的海報為她加油打氣，海報上寫著：「派蒂，跑啊！」（這句話後來也成為她自傳的書名）但在這段前往波特蘭的路上，她扭傷了腳踝。醫生勸告她立刻終止跑步：「你的腳踝必須上石膏，否則會造成永久的傷害。」

她回答道：「醫生，你不瞭解，跑步不是我一時的興趣，而是我一輩子的至愛。我跑步不單是為了自己，同時也是要向所有人證明，身有殘疾的人照樣能跑馬拉松。有什麼方法能讓我跑完這段路？」

醫生表示可用黏合劑先將受損處接合，而不用上石膏；但他警告說，這樣會起水泡，到時會疼痛難耐。

派蒂二話不說便點頭答應。

派蒂終於來到波特蘭，俄勒岡州州長還陪她跑完最後一英哩。一面寫著紅字的橫幅早在終點等著她：「超級長跑女將，派蒂．威爾森在十七歲生日這天創造了輝煌的紀錄。」

高中的最後一年，派蒂花了四個月的時間，由西岸長征到東岸，最後抵達華盛頓，並接受總統召見。她告訴總統：「我想讓其他人知道，癲癇患者與一般人無異，也能過正常的生活。」

有了熱情與理想，只要你充分瞭解了自身的條件，做好了必要的準備，堅持進行不懈的努力，病痛不會阻礙你實現自己的理想。

復活節的彩蛋

傑里米一生下來就和別的孩子不一樣，他不但身體扭曲變形，反應遲鈍，而且身患絕症，如今病魔正一點一點地吞噬著他的生命。儘管如此，他的父母仍舊盡最大的努力讓他過正常的生活，並且把他送到聖特麗薩小學讀書。

傑里米十二歲的時候，才讀到小學二年級。很顯然，他的學習能力非常有限。上課的時候，他會在座位上不停地扭動身子，嘴裡流著口水，發出呼嚕呼嚕的聲音。有時他也能很清楚很明白地說話，就好像有一道亮光洞穿了腦中的重重黑暗。但是，這種情況非常稀少而且短暫。大多數時候，傑里米總是會使桃瑞絲．米勒老師發火。一天，米勒老師打電話給傑里米的父母，請他們到學校來。

空蕩蕩的教室裡，福里斯特夫婦惴惴不安地坐在座位上。桃瑞絲老師對他們說：「傑里米應該到特教學校去上學。讓他和這些學習上沒有障礙的比他年齡小五歲的孩子在一起學習對他來說是很不公平的。」

聽了老師的話，福里斯特太太傷心地哭了起來。

福里斯特先生說：「米勒小姐，你知道，這附近沒有那種學校。如果我們把傑里米從這所學校帶走的話，對他來說會是一個非常沉重的打擊。因為我們知道他很喜歡這裡。」

福里斯特夫婦離開以後，桃瑞絲靜靜地凝視著窗外紛紛揚揚的雪花，獨自一人在教室裡坐了很久很久。她感到那冰雪的冷酷似乎已經滲透到她的靈魂深處了。她雖然很同情福里斯特夫婦，但繼續讓傑里米留在她的班級裡是一件不公平的事情。她還有其他十八個孩子要教，而傑里米會使他們分散注意力、無法專注的學習。此外，傑里米根本就學不會閱讀和書寫，為什麼還要在他身上浪費更多的時間呢？

然而，她突然覺得有一種罪惡感籠罩了她的心靈。

「哦，上帝，」她大聲地祈禱著，「請您幫助我吧！讓我對傑里米多些耐心吧！」

從那以後，桃瑞絲老師竭力不讓自己老是去注意傑里米製造的噪音和他那茫然的目光。有一天，傑里米拖著他那殘疾的腿一瘸一拐地走到講台前，「我愛您，米勒小姐！」他大聲說道，聲音大得全班同學都能聽見。

同學們竊笑起來，桃瑞絲的臉一下子紅了。「這很好啊，傑里米，謝謝你。現在，請你回到座位上去吧！」

不久，春天來了，孩子們都在興奮地談論著即將到來的復活節。桃瑞絲老師發給每個孩子一顆碩大的塑膠彩蛋。她對孩子們說：「請大家把這個復活節彩蛋帶回家去，明天再把它帶回來，但要記住的是，明天在把彩蛋帶回來的時候，彩蛋裡面要放一個能夠代表新生命的東西。」

「是。」孩子們異口同聲地答應著，除了傑里米。他的眼睛一刻也沒有離開桃瑞絲的臉，甚至沒有像以往那樣發出任何噪音。

第二天早晨，陽光明媚，鳥聲啁啾。十九個孩子興高采烈地來到了學校，他們把各自的彩蛋放進講台上的一個大柳條籃子裡。數學課上完後，就是打開這些復活節彩蛋的時候了。在第一顆彩蛋裡，桃瑞絲發現了一朵美麗的花。

「哦，很好。花兒當然是新生命的象徵！」坐在第一排的一個小女孩揮舞著雙臂叫道：「那是我的！」

接著，桃瑞絲打開了第二顆彩蛋。彩蛋裡放的是一隻惟妙惟肖的塑膠蝴蝶，「美麗的蝴蝶是由毛毛蟲長大以後變化來的。因此，它也是新生命的象徵。」桃瑞絲又打開一顆彩蛋，裡面放著的是一塊長著苔蘚的小石頭。

接下來，桃瑞絲打開了第四顆彩蛋，她一下子驚訝得屏住了氣。彩蛋裡竟然空空如也！這一定是傑里米的，她想，當然，他根本就不明白她所要求的作業。為了不使傑里米感到難堪，她輕輕地把那顆彩蛋放到了一邊，伸手去拿另外一顆彩蛋。

突然，傑里米大聲叫道：「米勒小姐，您不打算說說我的彩蛋嗎？」對於傑里米這冷不防的問話，桃瑞絲沒有任何準備，她驚慌失措地答道：「但是，傑里米，你的彩蛋是空的啊！」

傑里米凝視著桃瑞絲的眼睛，輕聲地說：「是的，但耶穌的墳墓也是空的啊！」

頓時，大家都嚇呆了，教室裡鴉雀無聲，時間也彷彿停止了。良久，桃瑞絲才回過神來，她問道：「你知道為什麼耶穌的墳墓是空的嗎？」

「哦，當然知道啦！」傑里米大聲說道，「耶穌被殺死以後，遺體就放在墳墓裡，但是天父又讓他復活了！」

每個人都可以有自己獨特的思維，見人之所不能見，想人之所不能想，連弱智的兒童也不例外！

眼睛失明但手更靈巧

湯姆遜剛失明不久，他極度消沉。是十一歲的小女兒蘇珊使他有了活下去的勇氣。

「爸爸，」她在一個星期六早晨問湯姆遜，「給我做個望遠鏡好不好？」

這實在是一件難辦的差事。

湯姆遜遲疑了一會兒，告訴她自己沒有鏡片。

「可是，」他貿然補充說，「假如你到村裡去買兩塊小鏡片，我就給你做個潛望鏡式雙筒望遠鏡。」

他還沒有改變初衷，女兒就買回來了。找到厚紙和膠帶，沒有半小時，湯姆遜就把望遠鏡做好了。

過了幾分鐘，他聽見蘇珊在隔壁房間向鄰家男孩展示她的新玩具。

「是爸爸給我做的。」她隨隨便便地說。

「你爸爸做的？」他重複了一句，顯然不相信。

湯姆遜靜聽蘇珊怎樣回答。

「是爸爸給我做的。」她又說了一遍。接著她補充了一句話，使湯姆遜聽了熱血沸騰：「他的手可不瞎。」

即使在某些方面有一些缺陷，也不要忘了自己還可能有其他方面的特長。

用四隻手指代替五隻手指

喬治．斯卡因出生時，雙目失明。醫生說：「他患的是雙眼先天性白內障。」

斯卡因的父親不甘心：「難道你就束手無策了嗎？手術也無濟於事了嗎？」

醫生搖搖頭：「直到現在，我們還沒有聽說過治療這種病的方法。」

斯卡因看不見東西，但是他的雙親的愛和信心，使他的生活過得很豐富。作為一個小孩，他還不知道失去的東西。然而，在斯卡因六歲時，發生了他所不能理解的一件事。

一天下午，他正和另一個孩子在玩耍。那個孩子忘了斯卡因根本看不見，拋一個球給他：「當心！球要擊中你了！」

這個球確實擊中了斯卡因。此後，在他的一生中就再也沒有發生過那樣的事。

斯卡因雖沒有受傷，但覺得極為迷惑不解。後來他問母親：「比爾怎麼在我之前先知道我將要發生的事？」

他的母親歎了一口氣，因為她所害怕的事終於發生了，現在她有必要第一次告訴她的兒子：「你是瞎子。」

「孩子，坐下。」她溫柔地說道，同時伸過手去抓住他的一隻手，「我無法向你解釋清楚，你也不可能理解得清楚，但是讓我努力用這種方式來解釋這件事。」她同情地把他的一隻小手握在手中，開始計算手指頭。

「一、二、三、四、五。這些手指頭代表著人的五種感覺。」她講道，同時用她的大拇指和食指順次捏著斯卡因的每個手指。

「這個手指表示聽覺，這個手指表示觸覺，這個手指表示嗅覺，這個手指表示味覺。」然後她猶豫了一下，又繼續說：「這個手指表示視覺。這五種感覺中的每一種都能把訊息傳送到你的大腦。」她把那表示視覺的手指彎起來，按住，使它處在斯卡因的手心裡，慢慢地說道：「你和別的孩子不同。因為你僅僅用了四種感覺，你並沒有用你的視覺。現在我要給你一樣東西。你站起來。」

斯卡因站起來了。他的母親拾起他的球。「現在，伸出你的手，就像你將抓住這個球。」她說。

斯卡因抓住了球。

「好，好。」他母親說，「我要你決不忘記你剛才所做的事，喬治，你能用四個而不是五個手指抓住球。如果你由那裡入門，並不斷努力，你也能用四種感覺代替五種感覺，抓住豐富而幸福的生活。」

斯卡因絕不會忘記「用四個手指代替五個手指」的信條。這對他來說意味著希望。每當他由於生理的障礙而感到沮喪的時候，他就用這個信條作為自己的座右銘，激勵自己。

他發覺母親是對的。如果他能運用他所有的四種感覺，他確實能抓住完美的生活。

只要我們有信心，透過自身不懈的努力，就一定能克服身體上的殘障，找到生活的意義。

他能夠打得中

夏季的一個傍晚，天色很好。密得森出去散步，在一片空地上，看見一個十歲左右的小男孩和一位婦女。那孩子正用一隻做得很粗糙的彈弓打一隻立在地上、離他有七八米遠的玻璃瓶。那孩子有時會把彈丸打偏一米，而且忽高忽低。

密得森便站在他身後不遠，看他打那瓶子，因為他還從沒有見過打彈弓打得這麼差的孩子。

那位婦女坐在草地上，從一堆石子中撿起一顆，輕輕遞到孩子手中，安詳地微笑著。那孩子便把石子放在皮套裡，打出去，然後再接過一顆。從那婦女的眼神中可以猜出，她是那孩子的母親。那孩子很認真，屏住氣，瞄很久，才打出一彈。但密得森站在旁邊都可以看出，他這一彈一定打不中，可是他還在不停地打。

密得森走上前去，對那母親說：「讓我教他怎樣打好嗎？」

男孩停住了，但還是看著瓶子的方向。他母親對密得森笑了一笑：「謝謝，不用！」

她頓了一下，望著那孩子，輕輕地說：「他看不見。」

密得森怔住了。半晌，才喃喃地說：「噢……對不起！但為什麼？」

「別的孩子都這麼玩。」

「呃……」密得森，「可是他……怎麼能打中呢？」

「我告訴他，總會打中的。」母親平靜地說，「關鍵是他做了沒有。」

密得森沉默了。過了很久，那男孩的頻率逐漸慢了下來，他已經累了。

他母親並沒有說什麼，還是很安詳地撿著石頭，微笑著，只是遞石頭的節奏也慢了下來。密得森慢慢發現，這孩子打得很有規律。他打一彈，向一邊移一點，打一彈，再轉點，然後再慢慢移回來。他只知道大致的方向啊！過了很久，夜色籠罩下來，密得森已看不清那瓶子的輪廓了，便轉身走回去。才走出不遠，密得森突然聽到身後傳來一聲清脆的瓶子的碎裂聲。

在恆心和愛的支持下，這個世界上沒有任何不能逾越的障礙！

為了好夥伴而奪得的冠軍

進入病房，索普才完全清楚好夥伴邁克爾的狀況。邁克爾曾經是運動俱樂部裡他那個年齡層最活躍的自行車賽的冠軍。

不料，他取得冠軍的第二天，醫生告訴他家人，他得了一種被稱作非何傑金氏淋巴瘤侵襲的癌症。當天晚上他被送進悉尼兒童醫院。經檢查，他腹部長有一個三點六公斤重的腫瘤，已經腎衰竭，而且癌細胞也已擴散到他的脊椎和大腦。他正在進行靜脈注射，渾身上下佈滿了管子。他母親坐在兒子床邊啜泣。死亡似乎只是幾小時之後的事。

從醫院回來，索普傷心了好幾周。每天他從游泳館訓練完一回到家，就把自己關進房間。

第一次探望後，索普一直想要再去，但始終未去成——每次訓練後幾乎不剩什麼時間了。

有一天，他與隊友們去鄉下看過他們的贊助商後突然失蹤了。他的代理人給他所能想到的地方都打去電話，仍未找到。

索普偷偷跑到了兒童醫院。

邁克爾眨著眼睛，從那個模糊不清的身影，認出了索普。邁克爾發出澳大利亞女孩般的一聲尖叫：「伊恩．索普！」對於一個早已被麻醉劑弄得神志模糊，被化學療法弄得噁心翻滾的小孩來說，這真不是件容易的事。邁克爾笑了。

由於要往脊椎輸送化學藥劑，邁克爾脊椎部位被開了十來個洞，加上他那癟嘴唇上的潰瘍、草叢似的頭髮、整天摧毀般的痛苦，以及僅有幾個朋友的孤獨。邁克爾曾對他母親說，他想死。

索普請醫院搬來一台電視機。他打開電視，與邁克爾一起觀看最近的運動會轉播。索普看著邁克爾那張被類固醇弄得蒼白而又浮腫的臉、凹陷的眼睛，叫他「福斯特」——這是《艾德穆思．法米拉》一書中具有無限精神力量的英雄。邁克爾像「福斯特」一樣頑強地活著。索普把自己的大腳放到床上和邁克爾的腳比著玩，邁克爾的腳剛好是索普的一半。邁克爾那天精神格外清爽，他體內的這個變化是醫生和父母都不可能做到的。

不可思議的事在這個已失去信心的男孩和這個喪失活下去的勇氣的男孩之間發

生了。索普恍惚感到自己離開了邁克爾，走進另外的病房，跟那些就要死的孩子們談話；他又覺得自己正在泳池裡拚命划水卻怎麼也快不了，他想到自己原本充沛的精力和志向，臉燒得通紅。

「我終於認識到，我錯了。」他說，「我的才能應該是一件禮物，應該是送給邁克爾的一件禮物。我恢復了勇氣。因為我看見了邁克爾，認識到生命的寶貴。後來我在訓練中感到疲勞時，我就想這不算什麼，邁克爾正承受著更大的痛苦。」

邁克爾彷彿也有了目標，他焦急地期盼著。那天晚上，當索普走上世界四百米自由泳比賽的起點台時，「福斯特」被牢牢黏到電視螢光幕上。「希望他能贏。」他念叨著。

比賽一開始，邁克爾就揮動拳頭，尖聲叫喊著：「快！索普！快！你一定能贏！」

最後一百米，索普落在澳大利亞明星格蘭特・海克特背後很遠，對於一個十五歲的孩子來說，取勝幾乎不可能了。

所有的運動員都開始了最後的衝刺。邁克爾聲嘶力竭地叫喊著：「索普要贏！一定要贏得世界冠軍！」

索普拼出了全力，他彷彿聽見了邁克爾的加油聲，心裡默念著：「我一定要贏，我要把這個禮物送給邁克爾！」

比賽結束時，夜幕降臨了。再也沒有人聽見「福斯特」的聲音。他嗓子啞了，喊啞了，他太興奮了。他躺回到床上，像一個征戰歸來的疲憊的勇士，帶著纍纍傷痕閉上了眼睛。

或許他是特殊的，或許他的生命值得為此戰鬥。他的夥伴在最後一百米衝刺中贏得了勝利，成了歷史上最年輕的世界冠軍。

一九九八年在邁克爾拆掉胸上的醫療橡皮管一周後，索普讓他和他父母用自己的身份飛到吉隆坡，觀看世界運動大會。在這次運動會上，索普贏得四面金牌。他揮動著獲勝者才有的呢絨制金絲猴，走下頒獎台，把它放進邁克爾顫抖的手裡。

二〇〇〇年九月，澳大利亞奧委會在悉尼舉辦了一次盛大的晚宴。索普應邀走上講台。

「人們常問我，我的動力是什麼？」他說，「它不是我能說得清的，但我能讓大家看見。」說完索普走了下去。

不一會兒，邁克爾出現在講台上。這個十三歲的孩子面對著麥克風，一束燈光照亮了他。他張開嘴講話，但卻沒有說出聲來。難道他又啞了？他重複著同樣的動作，張嘴，無聲，又開始，結束。

整個大廳肅靜無聲，人們彷彿僵在那兒。

突然，人們爆發出熱烈的掌聲，越來越響，經久不息。麥克風壞了，但是這個帶著三點六公斤腫瘤的男孩卻站在那裡，勇敢的活著。

如今，邁克爾回來了，回到學校——索普讀過的學校。

索普對他說：「下屆奧運會我還要拿冠軍。」

邁克爾晃了晃他的小禿頭說：「你一定可以的！」

在遇到逆境的時候，朋友之間的相互鼓勵作用是非常巨大的，它能創造一切奇蹟！

灑滿月光的夜晚

美國作家格拉迪·貝爾八歲那年，在一個春天的夜晚，他突然醒來，睜開眼睛，看見屋子裡灑滿了月光，四周靜悄悄的，一點聲音也沒有。溫暖的空氣裡充滿了梨花和忍冬樹叢發出的清香。

他下了床，踮著腳輕輕地走出屋子，隨手關上了門，母親正坐在門廊的石階上，她抬起頭，看見了他，笑了笑，拉他挨著她坐下。

整個村子萬籟俱寂，臨近的屋子都熄了燈，月光是那麼明亮。遠處，大約一英哩外的那片樹林，黑壓壓地呈現在眼前。

那隻看門狗在草坪上向他們跑來，舒服地躺在他們腳下，伸展了一下身子，把頭枕在母親外衣的下襟。他們就這樣待了很久，誰都不出聲。然而，在那片黑壓壓的樹林裡卻不是那麼寧靜——野兔和小松鼠、負鼠和金花鼠，牠們都在那兒奔跑、歡笑；還有那田野裡，那花園的陰影處，花草樹木都在悄悄地生長。

那些紅的桃花，白的梨花，很快就會飄散零落，留下的將是初結的果實；那些野李子樹也會長出滾圓的、像一盞盞燈籠似的野李子，野李子又酸又甜，都是因為太陽烤炙、風雨吹打的結果；還有那青青的瓜籐，綻開著南瓜似的花朵，花朵裡滿是蜜糖，等待著早晨蜜蜂的來臨，但是過不了多久，你看見的將是一條條甜瓜，而不再是這些花朵了。啊！在這無邊無際的寧靜中，生命——這種神祕的東西，它既摸不著，也聽不見。只有大自然那無所不能，溫柔可愛的手在撫弄著它——正在活動著，它在生長，它在壯大。

一個八歲的孩子當然不會想得那麼多，也許他還不知道自己正沉浸在這無邊無際的寧靜中。不過，當他看見一顆星星掛在雪松的樹梢上時，他也被迷住了；當他聽見一隻八哥鳥在月光下婉轉啼鳴時，他心裡有一種說不出的高興；當他的手觸到母親的手臂時，他感到自己是那麼安全、那麼舒坦。

在我們的一生中，總有許多最美好的時刻。我們要用眼睛去看，更要用心去體會。

為他人帶來歡樂

瑪麗是美國東部的一位富有的鋼鐵生產商的女兒，她擁有這個世界上她想要的每樣東西——金錢、衣物、各種奢侈品等等。

第一次世界大戰爆發時，她卻堅持要去法國。當然她的父親認為她不應該去。最後，她說服了父親，雖然父親的讓步是不情願的。

她帶著自己的小提琴——因為那時她已經是一位有成就的音樂家了——隨同夥伴一起來到了歐洲，在約瑟夫．迪斯科曼將軍領導下的第三區工作，她去的主要目的是為他人帶來歡樂，她相信她有這個能力和天賦。她每天打掃食堂，然後做滿滿的幾桶熱可可奶，然後又是刷盤子。

而在來到這裡之前，她卻沒有洗過一個盤子。晚上她和士兵們一起娛樂。在這裡隨處都可以看到瑪麗的身影，她用自己的小提琴為大家演奏美妙的樂曲，那些年輕人隨著她的曲子愉快地歌唱，他們是多麼的喜歡瑪麗。

將軍也感激她能透過這種方式，盡力為戰士們提供精神食糧。

她在這裡待了很長一段時間，青年會領導安排她去巴黎工作，她卻執意要在這裡多待一段時間，繼續與大家分享快樂。

在歐洲的日子裡，瑪麗始終不願留在後方，她一直跟著戰士們，他們走到哪裡她就把歡樂帶到哪裡。在接受第一場戰火洗禮的前一天，牧師為男人們安排了一個聖餐會，她知道男人當中有許多人將不會再回來，她非常傷心。

在戰地醫院裡，她被安排參加救援活動，為了照顧傷兵，她曾幾天幾夜沒有合眼，為此，迪斯科曼將軍特意頒發一張精美的嘉獎令表彰她，對這個能捨下家庭來前線做又髒又累工作的小姑娘。而她卻說她在給別人帶來歡樂的同時，自己也得到了快樂。

想要得到快樂，其實是很簡單的。只要你真心的去對待別人，給予別人快樂，你就會得到快樂的回報。人生中，真正的財富不是金錢的積累，而是快樂的存儲。

我是在安慰醫生和護士

小時候有一天，斯蒂克到一間沒人住的破屋裡玩。玩累後把腳放在窗台上歇著時，突然的聲響嚇得他一躍而起，沒想到左手食指上的戒指此時鉤住了一隻鐵釘，竟把手指拉斷了。斯蒂克當時嚇壞了，認為這輩子完蛋了。但是後來手傷痊癒，也就不曾為這事煩惱。現在，他幾乎從沒想到左手只剩四根手指。

幾年前，斯蒂克在紐約遇見一個開電梯的工人，他失去了左臂。斯蒂克問他是否感到不便。

他說：「只有在紉針的時候才會感到。」

人在身處逆境時，適應環境的能力實在驚人。

小說家達克頓曾認為除雙目失明外，他可以忍受生活上的任何打擊。但當他六十多歲雙目真的失明後，卻說：「原來失明也是可以忍受的。人能忍受一切不幸，即使所有感官都喪失知覺，我也能在心靈中繼續活著。」

我們並不主張人應逆來順受。也就是說：只要有一線希望，就應奮鬥不止。但面對無可挽回的事，就要想開點，不要強求不可能的結果。

話劇演員波爾赫德就是這樣一位達觀的女性。她風靡四大洲的戲劇舞台達五十多年。當她七十一歲在巴黎時，突然發現自己破產了。更糟糕的是，她在乘船橫渡大西洋時，不小心摔了一跤，腿部傷勢嚴重，引起了靜脈炎。醫生認為必須把腿部切除。他不敢把這個決定告訴波爾赫德，怕她忍受不了這個打擊。

可是他錯了。波爾赫德注視著這位醫生，平靜地說：「既然沒有別的辦法，那就這麼辦吧！」

手術那天，她在輪椅上高聲朗誦戲裡的一段台詞。有人問她是否在安慰自己。她回答：「不，我是在安慰醫生和護士。他們太辛苦了。」

後來，波爾赫德繼續在世界各地演出，又重新在舞台上工作了七年。

人可以忍受不幸，也可以戰勝不幸，因為人有著驚人的潛力，只要立志發揮它，就一定能渡過難關。

追求幸福的過程更重要

十一歲的英國男孩比利·艾利奧特是電影中的一個傳奇人物，影片中，他想成為一位古典芭蕾舞的舞蹈家。

比利面臨這樣的挑戰，他生活在一個極具男子氣的家庭，他家所在的小鎮上的男人們也都想成為具有男子漢氣概的人，而他家裡的人希望他能成為一個拳擊手。比利的父親和哥哥都是男子氣概十足的人，對他想成為舞蹈家的願望十分排斥，因為在他們眼裡跳舞的男人和膽小鬼一樣，因此，他們極盡所能地想打消比利的願望，並且把他變成一個「真正」的男孩。

但是家人的反對並沒有動搖比利的雄心，儘管他們反對，他仍追求他的夢想。最終比利贏得一個去一所有聲望的舞蹈學校的機會，這所學校將提供他一個夢想成真的機會。

最初，比利的家人並不理解這個他們認為是完全荒謬的想法，但過了一段時間，他們就意識到他是發自內心的，並漸漸地在他追求的過程中支持他。在這期間，他的父兄和他之間的隔閡也逐漸消除。

最後，經過許多衝突和磨難之後，全家人團結一致共同支持比利成為舞蹈家的計劃。

劇情的關鍵情節是，比利收到自己一直期待的學校通知他是否被錄取的來信的時候，電影的導演圍繞著打開信的過程，做了不同尋常的安排，以營造緊張氣氛，觀眾幾乎從座位上站起來，摒住呼吸，急不可待的想知道結果。

其實，無論比利是否被學校錄取並不重要，重要的是，在比利的追求過程中，在他的身上發生了什麼。

在巨大的壓力之下，他決不放棄心中的理想，使內心的力量大大地增強。同時，在他的家人理解並支持和化解多年成見的過程中，他們也經歷了終生受益的過程。

他們獲得了無價的人生教訓，比是否被學校錄取更燦爛。無論信中說了些什麼，他們都是成功的，並且最終是幸福的。

人們極易受結果比過程更重要的思想所欺騙。

事實證明，在我們追求某一目標時，我們想得到的東西只是由內心力量發展出來的副產品。

真正的問題不是「怎樣做成它？」而是「在這過程中，你的內心有了什麼變化？」

幸福與否，不在於目的的達到，而在於追求本身及其過程。熱情地投入到充滿活力、不斷變化的生活之中去吧！

生命的韌力比一切更堅強

英國的倫敦塔原是囚禁政治犯的監牢。在一間囚室的石牆上，有位犯人刻下這樣一句話：「不是逆境殺人，而是遇到逆境時那種消沉煩躁的心情。」至今歷時三百年，牆上的刻痕仍在，也給觀光客留下無限的憑弔和感慨。

恐怕很多人都不知道，魔鬼撒旦攻擊人類最有效的武器不是憤怒、驕傲、嫉妒和怨恨，而是微不足道的沮喪和失意。它們會悄悄侵襲到你心中，一點點瓦解你的意志，銷蝕你的信心和勇氣，使你落入毀滅的陷阱而不自覺。

當災難初次打擊到一個人時，他第一個反應往往是懷疑：「這會是我嗎？」他不敢相信厄運會突然降臨到他身上，繼之是憤怒：「為什麼偏偏是我？」他覺得不公平，別人都活得好好的，卻由他來承受這樣的痛苦和不幸，他憤怒、怨恨、詛咒，恨不得把全世界都毀滅掉。

但是，當這一切都無法改變事實時，他開始感到惶恐、不安、無助，沮喪和失意的毒菌便漸漸的征服了他，使他消沉、自暴自棄，抱著一種聽天由命、自生自滅的消極態度。到了這種地步，實際上他的心已經死了。

在人的一生當中，誰都避免不了遭遇一些挫折和打擊，一些讓我們傷心流淚的時刻。但我深信，人生的苦難雖多，生命的韌力卻比這一切更堅強，只要你下定決心好好地活著，你就能好好地活下去。

生存的本能是上帝賦予人類極大的權利，只是很多人都未曾發揮。

生活中的挫折與困苦並不可怕，在任何環境下都要保持樂觀的心態，不要放棄對生活的熱愛和追求。這樣你就能每天都生活在希望之中。

一個善良的小男孩

有一個善良的小男孩，名叫亨利。他的父親早已過世，陪伴著他的，只有窮困的母親和一個兩歲大的妹妹。他很希望能幫上母親的忙，因為母親掙的錢總是難以養家餬口。

一天，亨利幫一位先生找到了他遺失的筆記本，於是這位先生給了他一美元。他把這一美元用來買了一個盒子、三把鞋刷和一盒鞋油。

接著他來到街角，對每位鞋不太乾淨的人說：「先生，能讓我幫您的鞋擦擦油嗎？」

他是那樣的彬彬有禮，因此，人們很快便都注意到了他，並且也十分樂意讓他給自己擦鞋油。

第一天他就掙了五十美分。

當亨利把錢交給母親的時候，母親情不自禁地流下了激動的熱淚：「你真是一個懂事的好孩子，亨利。我以前不知道怎樣才能賺更多的錢來買麵包，但是現在我相信我們能夠過得更好。」

從此以後，亨利白天擦鞋，晚上到學校上課。他掙的錢已足以負擔母親和妹妹的生活了。

一個人是否樂觀，與你所處的環境和生活境況是沒有關係的。樂觀的人才能享受充實的現在，贏得美好的未來。

生活就是要你不斷的去適應

法伊婭十七歲從伊朗以留學生身份來到加拿大，當時一句英文都不會講。在入境時，海關人員問她的行李箱裡有什麼東西，她聽不懂，也說不清楚，對方大為緊張，出動許多先進儀器把她的行李探測個仔細，才敢打開檢查。就這樣，她隻身踏上加拿大的土地，一邊學英語，一邊在多倫多大學修讀電腦課程。畢業後她跟隨丈夫移居卡爾加利。

二十世紀八〇年代初的卡爾加利還是一個小城市，當時經濟也不太好，法伊婭遍尋工作無果，就開始為一個私人僱主編寫電腦程式。但六個月後她前往僱主家中找人，發現該地址已人去樓空，過去幾個月的工作完全白費，薪資報酬自然沒有拿到。

沒有報酬的第一份工作成為他的敲門磚。法伊婭此後找到了一個公司電腦部門的編程工作，後來也換過幾家公司，經過多年的努力和經驗積累，她已經是貝爾加拿大地區的副總裁。

然而半個月前，在為貝爾公司工作了十多年後，她在公司重整中和其他二十多位副總裁一同被請出大門。她坦然相告，這是她職業生涯中的一次巨變。她笑言：終於可以休一個長假了，好好調整身心。說到今後的打算，她把這次變動看做是新的機遇和挑戰，去做一些自己真正喜歡做的事情。

這位在一般人眼中的成功女性，從一句英文都不會的留學生到加拿大最大的電話通訊公司的副總裁，到現在和許多人一樣重新面臨職業和事業的選擇，是不是可以給我們一些啟示呢？

人生本來就是一種適應和不停變化的過程，命運中有很多難以控制的因素影響著我們的發展，我們唯一可以控制的是自己的心態和方向。

Chapter 04

原諒傷害你**的人**

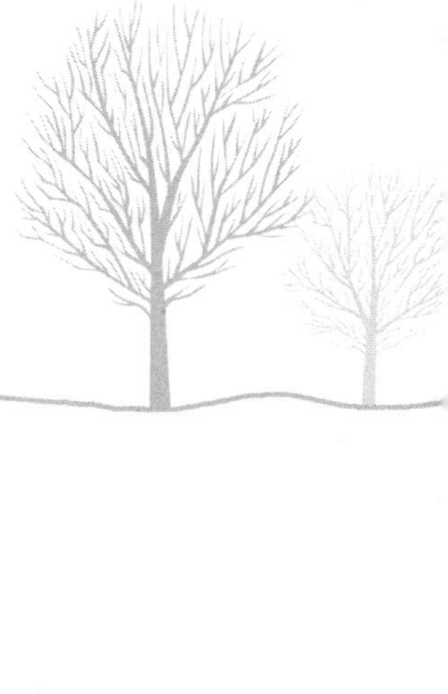

佛陀說：「以怨報怨，恨永遠存在；

以愛對恨，恨自然消失。」

如果你想報復別人，最終受到傷害的必定是你自己，

既然如此，何不更豁達一些、寬容一些呢？

十八年的懲罰期限

八年前，特納爾在一次酒後駕車時，撞死了一名叫蘇珊的年輕女孩，她還在上高中。當時他接受了一項由女孩父母提出的處罰：每週要給死者的父母寄一張支票，支票必須是開給蘇珊的，金額只有一美元——不多不少，僅僅是一美元——而且要在往後的十八年的每個星期五寄出。

特納爾覺得自己撿了個大便宜。每週一美元，十八年加起來也只不過是九百三十六美元，太簡單了。

蘇珊家的親戚朋友們感到大惑不解，認為蘇珊的父母可能是悲傷過度，被氣糊塗了。每週一美元這到底算什麼啊？若想用罰款解決，就要獅子大張口，要他賠個九百萬、九千萬也不為過，而且還要一次付清，幹嘛要拖上十八年呢？

八年以後，特納爾受不了了，不再按時寄支票。蘇珊的父母又將他告上法庭。在法庭上，特納爾的精神幾近崩潰，他淚流滿面地對法官說：「我實在是無法再忍受了，每次填寫蘇珊的名字時，心裡都會泛起極度痛苦的罪惡感。蘇珊的死還歷歷在目，這傷口太深了，而且每個星期都要撕開一次，後面還有漫長的十年，叫我怎麼熬啊？也許熬不到十年我就發瘋了……」他要求加倍賠償，並一次付清全部的罰款。他的請求理所當然地被法庭和蘇珊的父母拒絕了。

心中稍微寬慰的是蘇珊的父母，因為他們的目的就是要讓特納爾不能淡忘蘇珊的死，要他牢牢記住：因自己的過失給別人造成了無法彌補的痛苦。但是，他們也並不想要他用一生來承擔那次事故的後果，所以只定了十八年的期限。

如果別人做了傷害我們感情、侵犯我們利益的事，我們不一定要「以牙還牙」。懲罰也是可以換另一種方式的，關鍵是要能夠達到充分警示當事人的目的，以防止對方日後重犯同樣的罪過和錯誤。

掀開人生新的一頁

在法庭裡，法官莊嚴地宣佈：「哈里．巴爾登竊取汽車後又拒捕。在學校裡屢犯校規，下面我再宣讀一份由學校提供的證明資料。」法官隨即從卷宗中抽出一封信，念了起來：「哈里．巴爾登確實不是個好學生，除了經常偷竊外，還多次參與鬥毆……」

哈里一聽就斷定這一定是艾斯特小姐提供的。

「她一直討厭我！」他埋怨地想著。

哈里最後被判處兩年徒刑。在身陷囹圄、苦海似乎無邊的日子裡，哈里的心中有個念頭越來越強烈——出獄後他要報仇，因為他認為，就是艾斯特小姐向法庭提供了證明資料，今天他才會被關進了大牢。

好不容易熬過了兩年的時光，哈里終於出了獄。此時他心裡念念不忘的只有一個人：艾斯特小姐。他默默地向天發誓：「我決不輕饒了她。我要讓她知道：她同樣也得為她的所作所為付出代價。」

夜幕終於降臨。他來到了艾斯特小姐居住的公寓前。四周空無一人。哈里心裡不禁一陣竊喜：真是天助我也。

哈里發現艾斯特小姐正端坐在客廳裡看電視。他靈機一動：我去敲門，待她一開門我就衝進去，然後來個「關門打狗」。

想著想著，他就要動手按門鈴——這時他才發現，大門是透明的玻璃門，裡面的人可以看見來客的模樣。

經過一番觀察，哈里另生一計：我不如爬窗入室，讓她更加無法提防。

哈里開始爬上窗戶。此時突然聽到有人在下面大吼：「下來，你這個臭小子！」

回頭一看，是個全副武裝的警官。

他只得從窗戶上跳下來，心裡更加狠狠地詛咒著艾斯特小姐：「又是她，又要使我第二次坐牢了。」

「你想幹什麼？」警官問哈里。

當然哈里不說話——他又能說什麼呢！

為了調查清楚，警官按響了艾斯特小姐的門鈴，「抱歉打擾了您。剛才這小子爬到了您的窗戶上，我把他抓住了。請問可以用一下您的電話嗎？我要跟我的主管通報一聲。」

艾斯特小姐看了一眼哈里，馬上就認出了他。她發現，他的臉色因憤怒而變得蒼白，雙眼似乎在噴火。

讓哈里吃驚的是，艾斯特小姐突然變得異常平靜：「警官先生，這小子怎麼啦？我也被搞糊塗了……」

「這小子想爬窗入室，幸好被我及時發現。」警官似乎感到十分自豪，「現在，我準備把他帶到警察局。」

「警察局？」艾斯特小姐反問一句後突然大笑起來，「警官先生，這完全是一場誤會！是我要他從窗戶上爬到屋頂，去調整我的電視天線的。」

警官聽了，便生氣地問哈里：「為什麼我問你時，你連一聲都不吭呢？」

艾斯特小姐搶著回答說：「他是被您嚇著了。」

「這麼說，你們並非陌生人？」

「當然了，那還用說嗎？他是我的學生，我教他已經有六年了。哈里，我說的都是實話吧？」

哈里使勁地點了點頭。誰也沒有發現，此時的他眼裡已滿是淚水了。

警官走了。

艾斯特小姐握住哈里的手說：「快進屋裡來吧！外面太冷了。」進屋之後，艾斯特小姐隨即關上了大門。哈里想到自己剛才設計的「關門打狗」一事，頓時羞愧難當。在依稀中，他只聽見艾斯特小姐在說：「哈里，快回家去吧！你應該掀開你人生新的一頁了……」

與人相處，最難做到的就是情理兼顧。真正地關愛別人就不能袒護別人的缺點和錯誤。但是，在特殊的情況下，也要本著與人為善的原則，盡量挽救別人，給別人改過的機會。

真正的大師

德國青年卜勞恩，又一次失業了。他在外面跑了一天，依然沒有找到工作。情緒極度低落的卜勞恩去酒吧坐了半天，直到將身上最後的一塊錢換了酒喝下肚後，才拖著疲憊的身軀回到家。可是，家裡也不是天堂，他寄予厚望的兒子克里斯蒂安並沒有為他爭氣，他的成績單居然比上學期還要退步。他狠狠地瞪了克里斯蒂安一眼，再也不想跟他說話，便回到自己的房間呼呼大睡起來。

當卜勞恩醒來的時候，已是第二天早上。他習慣性地拿起筆補寫昨天的日記：五月六日，星期一，真是個倒霉的日子，工作沒找到，錢也花光了，更令我生氣的是兒子又考砸了，這樣的日子還有什麼希望可言？

卜勞恩來到小房間，打算叫兒子起床，但克里斯蒂安早已經自己上學去了。就在此時，卜勞恩突然發現，克里斯蒂安的小日記本忘記鎖進抽屜了，於是忍不住好奇地看了起來：五月六日，星期一，這次的考試成績不太理想，但當我晚上將這個消息告訴爸爸的時候，他卻沒有責備我，而是深情地盯著我看了一會兒，使我深受鼓舞。我決定努力學習，爭取好成績，才不會辜負爸爸對我的期望。

怎麼會是這樣呢？自己明明是狠狠地瞪了兒子一眼，怎麼會變成深情地盯著他看了呢？卜勞恩好奇地翻開了克里斯蒂安以前的日記：五月五日，星期天，山姆大叔的小提琴拉得越來越好了，我想，有機會我一定要去請教他，讓他教我拉小提琴。卜勞恩又是一驚，趕緊拿起自己的日記本來看：五月五日，星期天，這個該死的山姆，又在拉他的破小提琴，好不容易有個休息日，又被他吵得不得安寧。如果他再這樣下去，我非報警沒收了他的小提琴不可。

卜勞恩跌坐在椅子上，半天無語。他不知道自己從什麼時候起，竟然變得如此悲觀厭世、煩躁不堪，難道自己對生活的承受力還不如一個小孩子嗎？

從此，卜勞恩變得積極和開朗了起來。他日記裡的內容也完全變了：五月七日，星期二，今天又找了一天的工作，雖然還是沒有任何公司肯聘用我，但我從應聘的過程中學到了不少東西。我想，只要總結經驗，明天我一定能找到一份滿意的工作。五月八日，星期三，我今天終於應聘成功了，雖然只是一份鉗工的工作，但我想，我一定能成為世界上最出色的鉗工。

他，就是德國漫畫巨匠埃．奧．卜勞恩。卜勞恩一九〇三年三月十八日生於德國福格蘭特山區翁特蓋滕格林村，曾經在工廠當過鉗工，給報刊畫過漫畫，為書籍畫過插圖。而最廣為人知的是他的連環漫畫《父與子》。

《父與子》的內容素材，大多來自於他和兒子克里斯蒂安在一起的日子。卜勞恩所塑造的善良、正直、寬容的藝術形象，深深打動了全世界讀者的心。《父與子》被人們譽為德國幽默的象徵。

後來有人採訪卜勞恩時問他：「聽說是一本日記造就了您今天的大師成就，這是真的嗎？」

卜勞恩說：「是的，確實是因為一本日記，但需要強調的是，那個大師不是我，真正的大師是我的兒子——克里斯蒂安。」

一個人只要具備善良、正直和寬容的性格，那麼便沒有什麼困難能夠壓得倒他。寬容別人、寬容生活，就是寬容自己。

琴聲是最好的教育

一位世界一流的小提琴演奏家在教學時，從不說話。每當學生拉完一曲，他總是把這一曲再拉一遍，讓學生從聆聽中得到教誨。「琴聲是最好的教育。」他如是說。

有一次，他收了一位名不見經傳的新生，在拜師儀式上，學生為他演奏了一首短曲。這個學生很有天賦，把這首短曲演奏得出神入化、完美無缺。

學生演奏完畢，這位大師照例拿著琴走上台。但是這一次，他把琴放在肩上，卻久久沒有奏響。他沉默了一段時間，然後，把琴從肩上又拿了下來，深深地歎了口氣，走下了台。

台下的人一片愕然，不明白到底發生了什麼事。這位大師微笑著說：「你們知道吧！他拉得太好了，我沒有資格指導他。最起碼在剛才的那一曲子上，我的琴聲對他只能是一種誤導。」

全場靜默片刻，然後爆出一陣熱烈的掌聲。

盛名之下的大師，不但沒有擔心在大庭廣眾之下褒揚學生的高超，會無形中降低自己的威信，更令人敬佩的是：他在擁有一流琴藝和一流師名的同時，還依然擁有磊落的胸懷和可貴的謙遜，這就是真正的大師風範。

真誠地發現和讚美別人的優秀之處，不怕自己沒面子，這需要豁達的心胸；實際上，這樣的人是不會沒面子的，他只會贏得更多的尊重。

觀眾心目中的冠軍

二〇〇四年八月二十三日，雅典奧運會男子單槓決賽正在激烈進行，二十八歲的俄羅斯名將涅莫夫第三個出場，他以連續騰空抓槓的高難度動作征服了全場觀眾，但在落地的時候，他出現了一個小小的失誤——向前移動了一步，裁判因此只給他打了九·七二五分。

此刻，奧運史上少有的情況出現了：全場觀眾不停地喊著：「涅莫夫！」「涅莫夫！」並且全部站了起來，不停地揮舞手臂，用持久而響亮的噓聲，表達自己對裁判的憤怒。比賽因此而被迫中斷，第四個出場的美國選手保羅·哈姆雖已準備就緒，卻只能尷尬地站在原地。

面對這樣的情景，已退場的涅莫夫從座位上站起來，向朝他歡呼的觀眾揮手致意，並深深地鞠躬，感謝他們對自己的喜愛和支持。涅莫夫的謙虛進一步激發了觀眾的不滿，噓聲更響了，一部分觀眾甚至伸出雙拳，拇指朝下，做出不文雅的動作來……

面對如此巨大的壓力，裁判被迫重新給涅莫夫打了九・七六二分。

可是，這個分數不僅未能平息觀眾的不滿，反而使噓聲再次響成一片。

這時，涅莫夫展現了他非凡的人格魅力和寬廣胸襟。他重新回到賽場，舉起右臂向觀眾致意，並深深地鞠了一躬，表示感謝；接著，他伸出右手食指做出噤聲的手勢，然後將雙手下壓，請求和勸慰觀眾保持冷靜，給保羅・哈姆一個安靜的比賽環境。

涅莫夫的寬容，讓中斷了十幾分鐘的比賽得以繼續進行。

在那次比賽中，涅莫夫雖然沒有拿到金牌，但他仍然是觀眾心目中的「冠軍」；他沒有打敗對手，但他以自己的寬容征服了觀眾。

真正的寬容豁達，比一面金牌更能展現奧林匹克的精神。

那棵大樹叫什麼名字

八月中旬，科考隊乘船來到哈蘇里奧克土著旗部落，考察那裡的風土人情。中午時分，我們把船停在離岸約十五米的河面，準備吃飯。看到一家土著人家的房後有一棵大樹，樣子長得很奇特。

我以前從沒見過，便問船上的人，他們也沒人知道樹名。岸邊有個中年土著婦女正在洗衣服，一個小女孩在旁邊玩耍，我猜這個女孩應該是她的女兒，大約是六七歲的樣子，皮膚黝黑，光著身子，清晰的肋骨透露著營養不良的訊息。

我請隨行的翻譯幫忙，他用土著語高聲詢問婦女，房後的大樹叫什麼名字，婦女顯然聽到了翻譯的話，停下手中的工作，抬頭看了看我們，然後轉身進屋去了。

過了一會兒，她從屋裡拿出一個小塑膠袋，交給小女孩。她對小女孩比劃著，用手指著塑膠袋，又指指我們。然後，小女孩跳進水裡，左手托著塑膠袋舉過頭頂，右手奮力地划水，向科考船游過來。

她過來索取小費，我立刻反應過來。因為事先我已看過一些資料，知道當地有這樣的習俗，當別人為你提供了幫助或服務時，就必須主動的付小費，入境隨俗，我趕緊準備好零錢。

看著小女孩向我們游來，我開始擔心她的安全，也在心中責怪那個狠心的母親，僅僅為了一點小費，卻讓這麼小的孩子冒險涉水，值得嗎？

她還是順利地游過來了。小女孩被我們拉上船，她的小臉已經漲得通紅，微微的喘著氣，把手中的塑膠袋交給我。

出乎意料的是，裡面還裝了一張小紙條，紙條的一角已經被水浸濕。上面寫著一行字，我看不懂，便把它交給翻譯。

紙條上寫著：我是啞巴，無法說話，我讓孩子送來樹名：大科里亞樹。

為人處世宜寬厚豁達些，千萬不要犯「以小人之心，度君子之腹」的錯誤。

一隻很特別的鳥

很久以前，雪山上住著一隻很特別的鳥，牠的身體上同時長著兩個頭。奇怪的是，一個頭經常能吃到香美甘甜的果子；另一個頭卻從來沒有嚐過香甜果子的滋味，反而都吃到壞的、爛的果子。

在一個暖風徐徐的晌午，鳥兒又飛向樹林覓食。正當牠停下來要享用果子的時候，沒有嚐過香甜果子的這個頭，生起了嫉妒心，嘀咕著：「真不公平，為什麼我總是吃不到好東西！既然這樣，今天不如吃個有毒的果子，以後你就再也不必吃了！」

另一個頭聽了之後，安慰道：「雖然我都吃到了好的果子，但最終我們都能一起吸收營養、同樣得到好的體力啊！」儘管牠這番的好言相勸，但想不開的那個頭還是頑固的吃下了那顆毒果，當然，其結果就可想而知了。

嫉妒的心理就像一條毒蛇，它會總是看到別人的優點而嫉恨異常。與其去破壞別人的良好處境，倒不如自己努力去爭取，或改變自身的心境。樂觀豁達的與人相處，使彼此都得到好的利益。

難忘的紅色運動衫

康威老先生叫我去他那裡一趟，他是我們家的鄰居。他年事已高，而我猜想他叫我去無非是為了一件家務雜事，就像以前我媽媽叫我去做的一樣，因為我已經長大了。我到了他家之後，老先生便叫我把他的一雙舊鞋，送到城裡吉特勒先生的鞋店修補一下。就在我等著他把鞋脫下來時，一輛小轎車開了過來，一個男的帶著一個男孩從車裡走下來，想要點水喝。

當我給他們遞去盛滿水的水杯時，男孩身上的紅色運動衫引起了我的注意。他看上去跟我的年齡差不多大，大約十四歲左右，運動衫也跟我的大小一樣，但這是我所見過的最漂亮的一件運動衫，運動衫前面印著一隻藍色的仰著頭的大角麋鹿。

男孩正喝著水時，康威老先生養的兩隻小狗竟咬起他的鞋帶來，男孩轉過身來和小狗一塊兒玩了起來。當男孩與小狗玩熟時，我就大著膽子問他運動衫是從哪兒買來的，多少錢一件。他告訴我是在城裡的商店買的，貨架上全是這種運動衫。

他們走了以後，康威老先生用報紙將舊鞋包好，從口袋裡掏出一元四角五分錢對我說：「對不起，孩子，我沒有零用錢可給你了，實際上這是我最後的一點錢了。」

我拿著老先生的鞋往城裡走時，他叫住我：「告訴他，你就站在那裡等他修好；告訴吉特勒先生，我就坐在火爐旁等你回來。」

我一邊走，一邊想著那件紅色運動衫。我回到家後，急切地告訴媽媽，那個小男孩身上穿的紅色運動衫以及運動衫上印的驕傲的藍色大角麋鹿有多棒。不一會兒，媽媽給了我三塊錢──雖然看得出來她猶豫了片刻。我到了城裡後，先到小男孩告訴我的那家大商店，並找到掛著那件運動衫的櫃檯，我毫不猶豫地用三塊錢買了一件。走出商店後，我立刻把它穿在身上。我慢慢的走著，心裡充滿了自豪。

在吉特勒先生的鞋店裡，我將鞋子放在櫃檯上，他打開後檢查了一下鞋子，然後轉過身來看著我，搖了搖頭說：「沒辦法再修了，鞋底全壞了。」

我拿著那雙舊鞋走出了鞋店。我站在街角拿著鞋想了一會兒，我好像看到了康威老先生，在他那小河灣旁的小屋裡赤腳等著我。我瞥了一眼這雙康威老先生穿得不能再穿的破鞋子，我想那雙鞋子可能是這個世界上，他最親近的東西了。

我開始在街道上徘徊。我又一次來到大商店的門口。我口袋裡只剩下一元四角五分錢了。我把運動衫脫下走進商店。

「我打算退掉這件運動衫。」我告訴售貨員，「我想買雙跟這雙舊鞋一樣大小的鞋子，用這件運動衫的退款再加上一元四角五分。」

我向售貨員說明為什麼想要買這雙鞋，以及老先生的鞋已無法再修了。

「噢！我認識那位老先生，他來過幾次。」售貨員和顏悅色地說，「他常想要換雙軟一點的鞋子，我這兒還有幾雙。」

她轉身拿出一個鞋盒，我看到盒子上的標價：四．五美元。

「我用這件運動衫再加上一元四角五分買了。」

售貨員沒說什麼，她轉身走到貨架上去，拿了一雙很厚的長襪子，放進鞋子裡，用舊報紙將鞋子包起來。

我將那件驕傲的仰著頭的大角麋鹿運動衫放在櫃檯上，抱著鞋盒走出了商店。當那間我熟悉的小屋進入眼簾時，我慢慢走著思考著，我想著一些稀奇古怪的想法和如何去對老先生講。我記得媽媽說過，暴風雨過後總是陽光明媚，黑色的天空最易看星星，以及悲傷之後是快樂。

「吉特勒先生說你的鞋已無法再修了，鞋底全壞了。」我一本正經地對老先生說。使我感到迷惑的是，老先生那藍色的眼睛裡並沒有出現失望的神情。

「噢！那就算了，把鞋放在這兒，我看我自己還能不能修一修，再穿一段時間。」

我打開舊報紙，那雙嶄新的軟皮皮鞋呈現在他的面前。我看到他那雙大手不停地撫摸著新皮鞋，淚水從他的臉頰流了下來。他站起來，走去他的床上，從枕頭下面拿出一件印有仰著頭的大角麋鹿的紅色運動衫。

「我早上看到你眼睛盯著這件紅運動衫，當那父子兩人打獵回來時，我跟那小男孩說，能不能用小狗換他的運動衫……」

我久久地抱著老先生的脖子，然後衝出那間小屋子，去給媽媽看我身上穿的這件印有驕傲的大角麋鹿的紅色運動衫。

真正豁達的人，即使是自己深陷困境，最先想到的也是別人。

老鞋匠的一張支票

我再次走進老戴維的鞋鋪時，他蹣跚地走了出來，接過我的半片紙片，找到鞋子。這次他抬起頭來，用他那不很靈光的眼神打量我。我也注意到他長著一張普通而平靜的臉，稀疏的白髮滑過高高尖尖的鼻子，依然無法遮蓋住額頭上那些被歲月犁出的皺痕。

「新來的？」他認真地盯著我這張東方人的臉。

天哪！三年多了，我就住在離他不過幾步之遙的地方啊！我苦笑：「我是這裡的留學生。」

老戴維恢復了原態，習慣地垂下頭，用自己的手掌在鞋面上細心地、緩慢地擦拭了幾下。

老人下意識的動作，喚起我一種無以名狀的情感衝動，彷彿這雙皮鞋，經老人的手掌一擦，頓時發出了奪目的光彩！我拿出早已準備好的八塊錢，老戴維將其中的三塊放回我的手心。

「學生，只收五塊。」沒等話說完，他又消失在昏暗中了。

昏暗中，我的周圍依舊瀰漫著那種鞋鋪特有的氣味。可這次，我沒有像上次那樣倉皇的離開。我的眼眶泛滿淚水。

今年的雨水特別充沛，充沛得連小鎮上唯一的教堂都塌了頂。鎮長和教長聯合出了公告，請求人們解囊捐助，翻修教堂。

一天下午，我把一張嶄新的五十元鈔票，鄭重地交給教長史密斯先生。

「你是學生，捐錢就免了，」他微笑著，「你可以來參加義工啊！」

史密斯先生開始告知我關於翻修教堂的義工計劃。這時，我遠遠地看見老鞋匠戴維蹒跚的走來。

血紅的殘陽挑釁著他那雙不大靈光的眼睛，他的頭幾乎快垂到地下了。

「你好呀！」史密斯先生總是那麼微笑著。

老戴維依然沒有抬起頭，只是將一個小小的信封，輕輕地置放在捐贈桌上。鎮上所有的人都曉得，老戴維從來都沒有進過教堂。他的捐獻讓史密斯有些不安。

「啊！戴維請你等一等，我是說，」史密斯的詞語似乎出了問題，「如果你覺得孤單，不，不，我是說，如果你願意的話，我誠摯地邀請你參加教堂的禮拜……」

老鞋匠沒有回答，淡淡地做了一個會意的表示，背影一晃一晃地融入晚霞的光芒之中。

工作人員打開老鞋匠的信封，一張支票飄落在人們眼前，上面重重地寫著：捐給教堂五千元。人們面面相覷！如果修補一雙鞋子收取五元，就算修補鞋子一分錢成本也不用，就算他不吃不喝，老戴維要補多少雙鞋子、要花多少時間才能積攢出五千塊錢？

我的眼睛又一次的泛滿了淚水。

雨果曾說過：世界上最廣闊的是海洋，比海洋更廣闊的是天空，而比天空更為廣闊的，是人的胸懷。

從過錯中挖掘長處

英國前首相威爾遜與一個小孩有過一件趣事。

有一天，威爾遜為了推行其政策，在一個廣場上舉行公開演說。當時廣場上聚集了數千人，突然從聽眾中扔來一個雞蛋，正好打中他的臉。安全人員馬上下去搜尋鬧事者，結果發現扔雞蛋的是一個小孩。

威爾遜得知之後，先是指示屬下放走小孩，後來馬上又叫住了小孩，並當眾叫助手記下小孩的名字、家裡的電話與地址。

台下聽眾猜想威爾遜是不是要處罰小孩子，於是開始騷動起來。

這時威爾遜要求會場安靜，並對大家說：「我的人生哲學是要在對方的錯誤中，去發現我的責任。方才那位小朋友用雞蛋打我，這種行為是很不禮貌的。雖然他的行為不對，但是身為大英帝國的首相，我有責任為國家儲備人才。那位小朋友從下面那麼遠的地方，能夠將雞蛋扔得這麼準，證明他可能是一個很好的人才，所以我要將他的名字記下來，以便讓體育大臣注意栽培他，使其將來能成為我國的棒球選手，為國效力。」

威爾遜的一席話，把聽眾都說樂了，演說的場面也更加融洽。

從別人的過錯中發掘長處，積極尋找具有建設性的建議，不僅會讓不愉快的事情隨風消逝，而且還能將壞事化為好事，幫助自己擺脫尷尬的場面。

諒解可以產生奇蹟

有兩個男孩子，從小學到高中不僅是讀同一個學校，而且也都讀同一個班級。他們倆人情同手足，終日相處形影不離。他倆都是獨生子，很得家長的喜愛。

一個星期天的清晨，他倆相約到海邊游泳。

夏日的海濱，細細白沙柔軟而蓬鬆，藍藍的海水不斷地輕輕親吻著他們的腳背，吸引著他們恨不得馬上就投入大海的懷抱中。

這對年輕好勝的小伙子互相比賽著，不斷的向深處游去。突然，風雲驟變，陽光隱沒在厚厚的雲層裡，那碧綠的海水頓時變得混沌黯黑。

不一會兒，暴風雨便如同瀑布般鋪天蓋地傾瀉下來，狂怒的海水也張狂的發出呼呼巨響。這兩個小伙子在滔天的白浪中與危險苦苦地搏鬥著，他們好不容易才游在一起，一瞬間又被一層巨浪給分開了。

他們高聲的喊叫著，竭力保持聯繫，同時也拚命的往岸上游去，但風雨卻越來越大，浪也越來越高了。

海浪時而像無數隆起的小山，把他們拋向高空，時而又如凹下去的峽谷，使他們掉進無底的深淵。

喂！一個小伙子仍在高聲呼叫著同伴的名字，卻怎麼也不見回音？他心急如焚，拚命的向同伴那裡游去。

人不見了！他不顧一切地喊叫著、尋找著，直到兇猛的巨浪把他打昏。當他醒來時，發現自己已躺在醫院的病床上，他得到的第一個消息就是好友已不幸溺水身亡。

後來，他傷癒出院了，但他心中的愧疚卻日漸加劇。

是他主動找好友去游泳的，是他沒把好友搶救出來。他失魂落魄地終日在海邊徘徊，向著一望無垠的大海輕輕呼喚著好友的名字，但是，只有那陣陣的濤聲在作答。

他來到好友家裡，請求伯母的原諒。那失去獨子的母親悲痛欲絕，終日以淚洗面，無暇顧及到他。因此，他每次都懷著一顆愧疚的心情悻悻離去。

這種痛苦的心情一直伴隨著他離開校門，走入了社會；為亡友而產生的傷感也注滿了他的新房，甚至在蜜月中也不時地影響到新婚的愉悅氣氛，這使新娘驚詫不解、思緒萬千。

她看到丈夫總愛在海邊定睛佇立、魂不守舍的，便生氣道：「你那麼喜歡去海邊，那你就去跟大海一塊過日子吧！」一氣之下，便離家而去了。妻子的離去，使他陷入了更大的鬱悶之中。

一天，有人輕輕地敲著他的房門。

門外來了兩個人，一位站在門口，另一位婦人走了進來，輕吻了他的額頭，親切地說：「孩子，你還認得我嗎？」

他抬頭一看，來的正是他亡友的母親。「伯母，想不到是您來了！」他驚喜地撲上去。

婦人親切地摸著他的頭髮說：「我的孩子，過去了的事情就讓它過去吧！我曾經對你不夠冷靜，請你多加諒解！」說著，兩行晶瑩的淚水無聲地流淌在她那蒼白的臉頰上。

「伯母！我的好媽媽！」他再也忍不住了，愧疚和歡喜的淚水盡情地湧出。然而，這已不再是難過的淚水，而是相互諒解的熱淚。

她冷靜了一下，說：「我今天來，是想對你說，我從你身上看到我的孩子還活著。你為他傾注了自己的哀思，我從你的情感中感受到人生的歡樂。讓我們相互諒解吧！讓我們如同一家人那樣相互體恤吧！我從你妻子那裡瞭解到了你的感情，我覺得你是可敬的。但是，我與你、她與你之間還缺乏諒解的精神；現在，我把她找來了，願你們永遠相互體諒，互敬互愛，白頭偕老吧！」

從此，他心頭的結打開了，夫妻倆也和好如初，相親相愛，他們還把亡友的母親接來同住。

諒解可以產生奇蹟，諒解可以挽回感情上的損失，諒解猶如一支火把，能照亮由焦躁、怨恨和復仇心理鋪就的道路。

對孩子要有更多的寬容

「對不起，您能聽一下這孩子說話嗎？」那是阿麗達在當百貨玩具專櫃銷售人員時，遇到的一件她一生都難以忘記的事情。

阿麗達被一位三十多歲的母親叫住，有一位小學一年級左右的男孩子緊張地站在母親身旁。

那男孩子像貝殼一樣閉著嘴，眼睛一直向下看。

他母親以嚴厲的語氣說：「快點，這位阿姨很忙！」

阿麗達感到空氣頓時緊張起來，到底是發生了什麼事呢?她一邊猜想著，一邊仔細的看著這對母子。

這時阿麗達發現那小男孩的手中，不知握著什麼東西，他那雙小手還有點顫抖——那是件當時很受孩子們歡迎的玩具，這種玩具每次只要一進貨，都會很快的被搶購一空，而且被竊取的數量也不亞於銷售量。

「你到底怎麼了，你快說呀！」他母親很生氣，眼眶裡充滿了淚水，這時小男孩已經上氣不接下氣地哭起來了。

阿麗達的心臟彷彿被猛戳了一下，阿麗達又一次的看著那個小男孩，阿麗達想她必須要聽他說句話，阿麗達甚至感到這個瞬間將可能左右孩子今後的人生。

這時，小男孩很不自然地張開握緊的手指頭，被揉搓得已破爛了的包裝中露出了玩具。

「我並不想偷拿……」他費了很大力氣才說出這句話，阿麗達至今還記得，男孩子最後泣不成聲地說了一句：「對不起。」

小男孩母親那時的表情是難以形容的，阿麗達感到她好像放下心似的深歎了一口氣。

然後，他母親很直接地對阿麗達說：「請你叫你們的負責人過來，我來跟他說。」

這時，阿麗達第一次懂得了母親對孩子深深的愛和教育子女的不易，阿麗達被他母親的行為深深地感動了。

「不用了，我收下這玩具的錢，這件事就當作是我們三個人的共同祕密吧！孩子也明白自己做錯了事，這就夠了。」

阿麗達覺得自己只道出了自己心情的一半，阿麗達的眼淚已不自主的流到了臉頰。那位母親好幾次向阿麗達鞠躬表示歉意的身影，阿麗達直到現在都忘不掉，永遠也忘不掉。

孩子是容易犯錯的，當他們偶爾「失足」的時候，對他們要盡量寬容些。

我想叫您一聲「媽媽」

我趕到電話旁的時候，電話差不多已經響了一分鐘。我能想像得到，如果我再遲一秒鐘拿起話筒的話，對方一定會悻悻然的掛斷電話的。

果然沒錯，當我拿起話筒還沒來得及問好，對方就怒氣沖沖地問：「請問這是本尼特家嗎？」是個嗓門很大而且說話速度很快的老年婦女，很顯然的她打錯了電話。

我跟她說：「對不起，您……」

但沒等我說完，她就接過話：「請您務必馬上來愛華倫大街十五號的文具專賣店一趟。因為您的兒子本尼特現在在我們這裡。」

我正要把剛才的話接下去，證明她打錯了電話時，那邊傳來一個小男孩的啜泣聲，跟我通電話的女人馬上提高嗓門：「偷了東西還哭，你的母親會馬上過來教訓你。」

我聽出來了，那個叫本尼特的孩子拿了文具店的東西，當店員要他說出他家裡的電話時，他只好胡亂說了一組號碼。

我看了看我的兒子阿倫，他正為剛剛贏了爸爸一局棋而高興得歡呼雀躍。

我突然想去文具店看看，於是我說：「請您別嚇壞了本尼特，我會在十五分鐘內趕到。」

我驅車前往一英哩外的愛華倫大街十五號，很快的就找到了那家文具專賣店。文具店的大廳裡有很多人，有小孩，但更多的是大人。站在中間不斷哭泣的一定就是本尼特了，因為他的腳下有一個淺紫色的水彩筆盒子。

我從人群中走到本尼特的面前，想當然爾這個小傢伙根本不認識我，但是當我把右手遞給他的時候，他居然怯生生地伸出了他的手。

我牽著他溫柔地說：「孩子，你怎麼那麼不小心，把買水彩筆的錢擱在鋼琴上了呢？現在媽媽把錢送過來了，你快去！把錢拿去付給他們。」

圍觀的人聽到我這樣說後開始散開，有個小女孩甚至走上前來對本尼特說：「開心點，沒有人認為你是小偷。」

水彩筆的標價是五美元三十分，我把一張十美元的紙幣交給了本尼特，鼓勵他自己去付錢。

本尼特有些遲疑，但見我用慈祥溫柔的目光看著他，於是接過錢，低著頭走到收銀台。過了一兩分鐘後，他將店員找給他的四元七十分還給我，而我將那盒漂亮的水彩筆交給了他。

我牽著本尼特的手走出文具店的時候，先前兇巴巴地打電話給我的老婦人跟我說：「我們錯怪了您的兒子，而您真是一位豁達的母親。」

我朝她笑一笑，本尼特見我這樣，也很自豪地抬起頭來，他跟先前罵他的老奶奶扮了個鬼臉。

走出文具店後，我提議開車送本尼特回家。他說他的家離這裡只有三百米。我說：「那麼再見吧！小伙子，希望你能描繪出最美麗的圖畫！」

他羞澀地笑了，緊緊地把水彩筆抱在懷裡，他跑著跳著離開，到馬路對面後還回過頭來跟我揮手。

時光流逝，這件事情也漸漸從我腦海裡淡去。但是十二年後的一天，我突然接到一通陌生的電話，當我說了「你好！」後，話筒裡傳來一個年輕小伙子的聲音：「請問您是本尼特的母親嗎？」

「本尼特？」我突然失聲叫出來。

對方在電話裡爽朗地笑了：「我十五分鐘後會冒昧地前去打擾您。」

十五分鐘後，一個高大英俊的年輕人站在我面前，沒等我說話，他就張開雙臂，擁抱我。

「十二年前，我就想叫您一聲媽媽了！我是本尼特。」

我突然淚流滿面。雖然我一直沒有忘記十二年前文具店裡的那個孩子，但是我從來沒想到我還會見到他。而且，如今的本尼特，已經是紐約一所大學美術系的學生。他告訴我：「雖然我三歲就失去了母親，但是從六歲開始就擁有了另一個親愛的媽媽，這個媽媽用一盒水彩筆指引了我的整個人生……」

在關鍵的時候豁達地拉別人一把，你無須付出很多，但卻可能改變對方的一生。

面對**吃羊的野狗**

「出什麼事了，爸爸？」霍爾被突來的聲音給吵醒了，問道。他跑到屋外去，看見他爸爸手握步槍正站在台階上。

「孩子，是野狗，一定是牠一直在殺我們的羊。」

夜晚的寂靜被野狗又長又尖的嚎叫聲劃破了。嚎叫聲是從離屋子大約四分之一英哩遠的懸崖上傳來的。

霍爾的父親舉起步槍，朝懸崖的方向開了幾槍。

「這應該可以把牠嚇跑吧！」他說。

第二天早晨，孩子騎馬出去，一邊沿著舊石崖慢慢騎著，一邊尋找著野狗的足跡。

突然，他發現了牠，牠正平躺在從峭壁上伸長出去的一棵樹的樹枝上。牠一定是在夜晚的追逐中從懸崖邊跌下來的，當牠摔下來時正巧卡在樹枝上，樹下是六十英呎深的懸崖，這隻野狗跑不掉了，霍爾跑回去告訴他的父親。

「爸爸，你打算開槍打死牠嗎？」當他們返回懸崖時霍爾問道。

「我想如此，牠在那兒只會餓死。」

爸爸舉起步槍瞄準，霍爾等待著射擊聲——但槍沒有響起來，他爸爸已把槍放下了。

「你打算打死牠嗎？」霍爾問道。

「現在先不打死牠，兒子。」

「你打算放了牠嗎？」

「兒子，如果我現在可以幫助牠的話，我以後仍然不會放過牠的。」

「那現在你幹嘛不開槍打死牠？」

「這樣做對牠似乎不公平。」

第二天，他們騎馬外出，野狗還在那兒。牠似乎是在預估樹和懸崖頂之間的距離——也許牠會跳上去。

霍爾的爸爸仍沒有開槍。

到了第三天，野狗開始看上去又瘦又弱。霍爾的爸爸傷感地慢慢舉起步槍，他射擊了。

霍爾馬上往地面看去，期待能看到野狗的屍體。當他發現地上什麼都沒有後，他抬頭朝樹上望去。

野狗還在那兒，他爸爸以前從未在這麼容易的射擊中失過手。受到驚嚇的野狗望著地面，然後挪回了牠的兩條腿。

「爸爸，您看，牠要跳了，快，開槍！」

突然，野狗一躍而起。

霍爾看著，等著牠摔到地上。但事實上，他看到的是牠停在懸崖的外牆上，並在滑動的岩石上瘋狂地掙扎著，牠的後腿在往上踢。

「爸爸，快，」霍爾催促道，「否則牠要跑掉了。」

他爸爸並沒有動。

野狗微弱地爬上懸崖頂，他爸爸仍然沒舉起槍。而野狗沿著懸崖邊跑遠了——慢慢地跑出了視線。

「你放了牠。」霍爾叫道。

「是的，我放了牠。」他爸爸回答道。

「為什麼？」

「我猜想我心腸變軟了。」

「但您讓一隻野狗跑了！在牠吃了所有的羊之後！」爸爸望著在微風中搖動的空蕩蕩的樹感慨道：「兒子，有些事人們似乎就是不能那麼做。」

超越睚眥必報的狹隘心理，以寬容和憐愛的心情去對待世界，這正是人性的光輝和偉大。

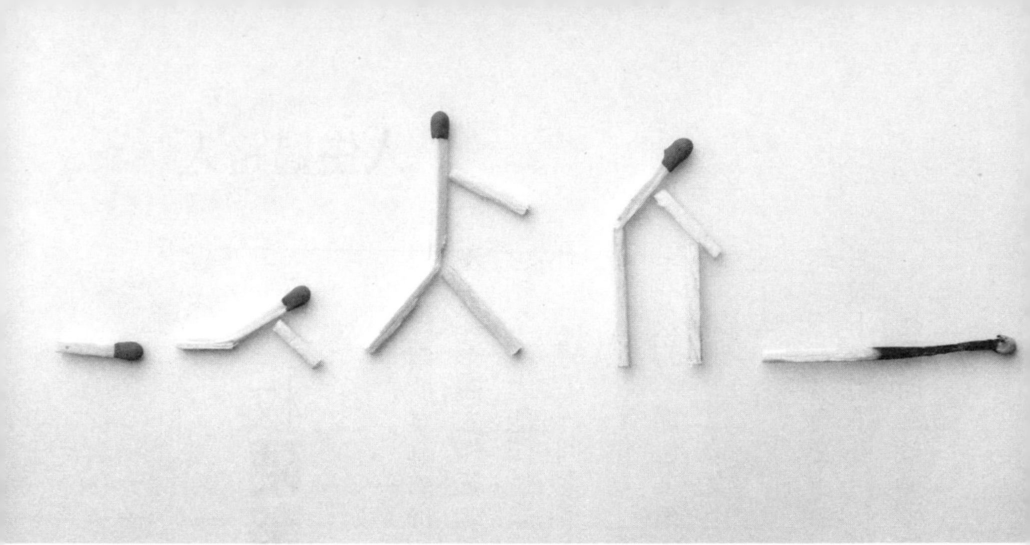

Chapter 05

幸福和誠懇是分不開的

只有懂得生活真正含義的人，

才會感受到愛的溫暖和人生的幸福。

一枚硬幣

托爾斯泰雖然很有名，又出身貴族，卻喜歡和平民百姓在一起，與他們交朋友，從不擺大作家的架子。

一次，他作長途旅行時，路過一個小火車站。他想到車站上走走，便來到月台上。這時，一列火車正要開動，汽笛聲已經拉響了。托爾斯泰還在月台上慢慢的走著，忽然，一位女士從列車車窗裡對著他直喊：「老先生！老先生！快替我到候車室把我的手提包拿來，我忘記提過來了。」

原來，這位女士見托爾斯泰衣著簡樸，還沾了不少塵土，便以為他是車站的搬運工人。

托爾斯泰趕忙跑進候車室拿來手提包，遞給了這位女士。女士感激地說：「謝謝啦！」隨手遞給托爾斯泰一枚硬幣，「這是賞給你的。」

托爾斯泰接過硬幣，瞧了瞧，放進了口袋。

正巧，這位女士身邊有個旅客認出了這個風塵僕僕的「搬運工」就是托爾斯泰，便大聲對女士叫道：「太太，您知道您賞錢給誰了嗎？他就是列夫・托爾斯泰呀！」

「啊！老天爺呀！」女士驚呼起來，「我這是在幹什麼呀！」她對托爾斯泰急切地解釋說：「托爾斯泰先生！托爾斯泰先生！看在上帝面子上，請您別計較！請把硬幣還給我吧！我怎麼會給您小費，多不好意思！我到底是在做什麼。」

「太太，您何必這麼激動？」托爾斯泰平靜地說，「您又沒做什麼壞事！這個硬幣是我掙來的，我得收下。」

汽笛再次長鳴，列車緩緩開動，帶走了那位惶惑不安的女士。

托爾斯泰微笑著，目送列車遠去，又繼續他的旅行了。

在與人交往時，總會有被別人誤解的時候，但能夠做到受到別人的誤解還能平靜友善的去對待，這需要非常高尚的情操和品德。

轉禍為福

梁國的大夫中，有個叫宋就的，曾做邊縣的縣長。這縣和楚國相鄰接。兩國邊境哨所的邊防軍不但都種有瓜園，而且種的瓜各有定數。梁國哨所的邊防軍勤勞，每天多次灌溉他們的瓜田，因此瓜長得很好；楚國哨所的邊防軍懶惰，很少灌溉他們的瓜田，所以瓜長得很差。

楚國哨所的邊防軍妒忌梁國哨所種的瓜比自己好，因此，晚上便偷偷的過去把梁國哨所的瓜抓翻，使各畦的瓜籐都有枯死的。

梁國的哨所發現了，便請求他們的軍尉，也要偷偷過去把楚國哨所的瓜抓翻作為報復。

軍尉向宋就請示了這件事。

宋就說：「哦，這怎麼行呢？這是結怨惹禍的做法。人家做壞事，自己也跟著去做，去報復，這是見識狹隘的做法，還是讓我來教你們一個辦法：你們必須每晚派人偷偷地去為楚國邊哨的瓜園好好地灌溉，而且不能讓他們知道。」

於是，梁國哨所每晚都偷偷地去為楚國邊哨的瓜田灌溉。楚國的瓜長得一天比一天好。楚國哨所覺得怪異而加以窺察，發現原來是梁國哨所偷偷幫忙灌溉的。楚國的縣長聽到這事，高興之至，便原原本本的上報楚王。

楚王知道後，覺得很慚愧，便告訴下屬說：「問問我們去抓翻人家瓜的，是不是他們還有別的過錯？這是梁國對我們暗中的譴責。」

接著，楚王派人用豐厚的財幣向梁國賠禮，同時要求和梁王結交。

楚王在世，如果讚揚人，就以梁王作為例證。所以梁楚交好，從宋就開始。

寬容不但是做人的美德，也是一種明智的處世原則，是人與人交往的「潤滑劑」。常有一些所謂的厄運，只是因為對他人一時的狹隘和刻薄，而在自己的前進路上自設的一塊絆腳石罷了；而一些所謂的幸運，也是因為無意中對他人一時的恩惠和幫助，而拓寬了自己的道路。

幫助別人解脫

紀伯倫年輕的時候，曾經拜訪過一位聖人。這位聖人住在山那邊一個幽靜的林子裡。正當紀伯倫和聖人談論著什麼是美德的時候，一個土匪瘸著腿吃力地爬上山嶺。

他走進樹林，跪在聖人面前說：「啊！聖人，請你解脫我的罪過，我的罪孽深重。」

聖人答道：「我的罪孽也同樣深重。」

土匪說：「我是個盜賊。」

聖人說：「我也是盜賊。」

土匪又說：「我還是個殺人犯，有許多人的鮮血都還在我的耳中翻騰。」

聖人回答說：「我也是個殺人犯，有不少人的熱血也還在我耳中呼喚。」

土匪說：「我犯下了無數的罪行。」

聖人回答：「我犯下的罪行也無法計算。」

土匪站了起來，他的雙眼不停的盯著聖人看，露出一種鄙視的神色。然後他就離開了我們，連蹦帶跳地跑下山去。

紀伯倫轉過身去問聖人：「你為何要給自己加上那些莫須有的罪行？你沒看見此人走時已對你失去信任了嗎？」

聖人說道：「是的，他已不再信任我。但他走時畢竟是如釋重負的離開。」

正在這時，他們聽見土匪在遠處引吭高歌，回聲使山谷充滿了歡樂。

能夠理解和寬容別人的人，不僅能夠得到他人的尊敬，也會使自己的覺悟提高。

放下你的**身段**

在日常生活中，難免會發生這樣的事：親密無間的朋友，在無意或有意間做了傷害你的事，你是寬容他，還是從此分手，或伺機報復呢？有句話叫「以牙還牙」，分手或報復似乎較符合人的本能心理。但這樣做，只會使怨越結越深，仇越積越多，真是冤冤相報何時了。

如果你在切膚之痛後，採取別人難以想像的態度，寬容對方，表現出別人難以達到的襟懷，你的形象瞬時就會高大起來，你的寬宏大量、光明磊落使你的精神達到了一個新的境界，你的人格將折射出高尚的光彩。

寬容，已成為一種美德受到了人們的推崇，也成為一種人際交往的心理特質，越來越受到人們的重視和青睞。

一般人總認為，做錯了事得到應得的報應才算公平。但英國詩人濟慈說：「人們應該彼此容忍，每個人都有缺點，在他最薄弱的方面，每個人都可能被切割搗碎。」每個人都有弱點與缺陷，都可能犯下這樣或那樣的錯誤。作為肇事者要竭力避免傷害他人，但作為受害者的人則要以博大的胸懷寬容對方，避免怨恨消極情緒的產生，消除人為的緊張，以癒合身心的創傷。

美國第三任總統傑斐遜與第二任總統亞當斯，從惡交到寬恕就是一個最真實的例子。傑斐遜在就任前夕，到白宮去想告訴亞當斯說，他希望針鋒相對的競選活動並沒有破壞他們之間的友誼。

但據說傑斐遜還來不及開口，亞當斯便咆哮起來：「是你把我趕走的！是你把我趕走的！」從此兩人互不往來達數年之久，直到後來傑斐遜的幾個鄰居去探訪亞當斯，這個堅強的老人仍在訴說那件難堪的事，但接著脫口說出：「我一直都喜歡傑斐遜，直到現在仍然喜歡他。」

鄰居把這話傳給了傑斐遜，傑斐遜便請了一個彼此皆熟悉的朋友傳話，讓亞當斯也知道他的深重友情。後來，亞當斯回了一封信給他，兩人從此開始了美國歷史上最偉大的書信往來。這個例子告訴我們，寬容是一種多麼可貴的精神，高尚的人格。

寬容意味著理解和通融，是融合人際關係的催化劑，是友誼之橋的黏著劑。寬容還能將敵意化解為友誼。戴爾·卡內基在電台上介紹《小婦人》的作者時心不在焉地說錯了地理位置。其中一位聽眾就毫不留情地寫信來罵他，把他罵得體無完膚。

他當時真想回信告訴她：「雖然我把區域位置說錯了，但我從來沒有見過像你這麼粗魯無禮的女人。」

終究他控制了自己的情緒，沒有向她回擊，他鼓勵自己將敵意化為友誼。他自問：「如果我是她的話，可能也會像她一樣憤怒吧！」

他盡量站在她的立場上來思索這件事情。

他打了一通電話給她，再三向她承認自己的錯誤並表達道歉。這位太太終於表示了對他的敬佩，希望能與他進一步深交。

朋友之間的情感應該是純潔的，在相互交往中產生的友情也是最值得珍惜的。但朋友之間更需要寬容與諒解，才能夠使彼此的關係更為密切。

化詛咒為祝福

在美國一個市場裡，有個中國婦人的攤位生意特別好，因而引起了其他攤販的嫉妒，大家常有意無意地把垃圾掃到她的店門口。這個中國婦人只是寬厚地笑一笑，不予計較，反而把垃圾都清掃到自己的角落。

旁邊賣菜的墨西哥婦人觀察了她好幾天，忍不住問道：「大家都把垃圾掃到你這裡來，你為什麼不生氣？」

中國婦人笑著說：「在我們國家，過年的時候，都會把垃圾往家裡掃，垃圾越多就代表會賺很多的錢。現在每天都有人送錢到我這裡來，我怎麼捨得拒絕呢？你看我的生意不是越來越好嗎？」

從此以後，那些垃圾就不再出現了。

這個中國婦人化詛咒為祝福的智慧確實令人讚歎，然而更令人敬佩的是她那與人為善的寬容美德。她用智慧寬恕了敵對的人，也為自己創造了一個融洽的人際環境。

俗話說：「和氣生財」，自然她的生意越做越好。如果她不採取這種方式，而是針鋒相對，又會怎樣呢？結果可想而知。

其實很多時候都是我們自己在不自覺地導演著這種結局：讓憤怒代替了理智，讓彼此針鋒相對，以毒攻毒，冤冤相報，無盡無休，直到身心疲憊，兩敗俱傷。

發頓脾氣或出口氣很容易，但代價太大了。其結果就如同為了趕走一隻聒噪的烏鴉，而砍掉枝繁葉茂的大樹一樣，得不償失。

寬容不是遷就，也不是軟弱，而是一種修身之法，是一種充滿智慧的處世之道。上天是公平的，你在這裡失去的東西，它會在那裡給你加倍的回報。

禪師和小偷

一位住在山中茅屋修行的禪師，有一天趁著夜色明亮，便到林中散步，在皎潔的月光下，他突然開悟了自性的般若。

他喜悅地走回住處，看見自己的茅屋正遭小偷光顧，找不到任何財物的小偷正要離開的時候，在門口遇見了禪師。原來，禪師怕驚動小偷，一直站在門口等待，他知道小偷一定找不到任何值錢的東西，早就把自己的外衣脫掉拿在手上。

小偷遇見禪師，正感到驚愕的時候，禪師說：「你走了大老遠的山路前來探望我，我總不能讓你空手而回呀！夜涼了，你帶著這件衣服走吧！」

說著，就把衣服披在小偷身上，小偷不知所措，低著頭走了。

禪師看著小偷的背影穿過明亮的月光，消失在山林之中，不禁感慨地說：「可憐的人呀！但願我能送一輪明月給他。」

禪師目送小偷走了以後，回到茅屋赤身打坐，他看著窗外的明月，進入空境。

第二天，他在陽光溫暖的撫觸下，從極深的禪室裡睜開眼睛，看到他披在小偷身上的外衣被整齊地疊好，放在門口。禪師非常高興，喃喃地說：「我終於送了他一輪明月！」

佛語有云：大度能容，容天下難容之事。豁達是一種寬容。以寬宏大度的心態去對待別人，去感悟別人。心靈的感化遠遠要比尖刻言語的教誨更有力度。豁達的人，心大、心寬，人生的道路也會越走越寬。

把傷害留給自己

二戰期間，一支部隊在森林中與敵軍相遇，激戰後兩名戰士與部隊失去了聯繫。這兩名戰士來自同一個小鎮。兩人在森林中艱難跋涉，他們互相鼓勵、互相安慰。十多天過去了，仍未與部隊聯繫上。

這一天，他們打死了一隻鹿，依靠鹿肉又艱難的度過了幾天。也許是戰爭的原因使得動物們四散奔逃或被殺光了，在這以後他們就未曾看到過任何動物。他們僅剩下的一點鹿肉，背在年輕戰士的身上。這一天，他們在森林中又一次與敵人相遇，經過再一次的激戰，他們巧妙地避開了敵人。就在自以為已經安全時，只聽見一聲槍響，走在前面的年輕戰士中了一槍——幸虧傷在肩膀上！

後面的士兵惶恐地跑了過來，他害怕得語無倫次，抱著戰友的身體淚流不止，並趕快把自己的衣服撕下包紮戰友的傷口。

晚上，未受傷的士兵一直念叨著母親的名字，雙眼發直。他們都以為他們熬不過這一關了，儘管飢餓難忍，但他們誰也沒動身邊的鹿肉。天知道他們是怎麼熬過那一夜的。第二天，部隊救出了他們。

事隔三十年，那位受傷的戰士安德森說：「我知道是誰開了那一槍的，他就是我的戰友。當時在他抱住我時，我碰到他發熱的槍管。我怎麼也不明白，他為什麼要對我開槍？但當晚我就原諒了他。我知道他想獨吞我身上的鹿肉，我也知道他想為了他的母親而活下來。此後三十年，我假裝根本不知道此事，也從不提及。戰爭太殘酷了，他母親還是沒有等到他回來，我和他一起祭奠了老人家。那一天，他跪下來，請求我原諒他，我沒讓他說下去。我們又做了幾十年的朋友，我早已原諒了他。」

釋迦牟尼說：「以恨對恨，恨永遠存在；以愛對恨，恨自然消失。」即使是一個非常寬容的人，也往往很難容忍別人對自己的惡意誹謗和致命的傷害。但唯有以德報怨，把傷害留給自己，才能贏得一個充滿溫馨的世界。

欣然接受挫折

英國作家薩克雷有句名言：「生活是一面鏡子，你對它笑，它就對你笑；你對它哭，它也對你哭。」

如果我們心情豁達、樂觀，我們就能夠看到生活中光明的一面，即使在漆黑的夜晚，我們也知道星星仍在閃爍。一個心境健康的人，就會思想高潔，行為正派，就能自覺而堅決地摒棄骯髒的想法，不與邪惡者為伍。我們既可能堅持錯誤、執迷不悟，也可能相反，這都取決於我們自己。這個世界是我們自己創造的，因此，它是屬於我們每一個人的，而真正擁有這個世界的人，都是那些熱愛生活、擁有快樂的人。也就是說，那些真正擁有快樂的人才會真正擁有這個世界。

性格對於一個人的生活有著極為重要的影響。性格好的人總能看到生活中美好的事物，對於這種人來說，根本就不存在什麼令人傷心欲絕的痛苦，因為他們即便是在災難和痛苦之中，也能找到心靈的慰藉，正如在最黑暗的天空中，心靈總能或多或少地看見一絲亮光一樣。

儘管天上看不到太陽，重重烏雲佈滿了天空，但他們還是知道太陽仍在烏雲之上，太陽的光線終究會照到大地上來。

這種使人愉悅的性格不會遭人嫉妒。具有這種性格的人，他們的眼裡總是閃爍著愉快的光芒，他們總是顯得愉悅、達觀、朝氣蓬勃。他們的心中總是充滿陽光。

當然，他們也會有精神痛苦、心煩意亂的時候，但他們不同於別人的就是他們總是欣然地接受這種痛苦，沒有抱怨，沒有憂傷，更不會為此而浪費自己寶貴的精力，而是拾起生命道路上的花朵，奮勇前行。具有樂觀、豁達性格的人，無論在什麼時候，他們都會感到光明、美麗和快樂的生活就在身邊。

他們眼睛裡流露出來的光彩使整個世界都溢彩流光。在這種光彩之下，寒冷會變成溫暖；痛苦會變成舒適。這種性格使智慧更加熠熠生輝，使美麗更加迷人燦爛。

那種生性憂鬱、悲觀的人，永遠看不到生活中的七彩陽光，春日的鮮花在他們的眼裡也頓時失去了嬌艷，黎明的鳥鳴變成了令人煩躁的噪音，無限美好的藍天、五彩紛呈的大地都像灰色的布幔一樣。在他們的眼裡，創造是一種令人厭倦的、沒有生命和沒有靈魂的蒼茫空白。

儘管愉快的性格主要是天生的，但正如其他生活習慣一樣，這種性格也可以透過訓練和培養來獲得或得到加強。

我們每個人都可能充分地享受生活，也可能根本就無法懂得生活的樂趣，這在很大的程度上是取決於我們從生活中提煉出來的是快樂還是痛苦。我們究竟是經常看到生活中光明的一面還是黑暗的一面，這在很大的程度上決定著我們對生活的態度。任何人的生活都是兩面的，問題在於我們自己怎樣去審視生活。我們完全可以運用自己的意志力量來做出正確的選擇，養成樂觀、快樂的性格，而不是相反。樂觀、豁達的性格有助於我們看到生活中光明的一面。即使是在最黑暗的時候也能看到光明。

聰明的人往往是處在一些煩惱的環境中，自己還能夠尋找到快樂。因為煩惱本身是一種對已成的事實所做出的盲目的、無用的怨恨和抱憾，它除了給自己心靈一種自我折磨之外，沒有任何的積極意義。為了不讓煩惱纏身，最有效的方法是正視現實，摒棄那些引起你煩惱和不安的想法。

世界上不可能存在著你完全滿意的工作、配偶和娛樂場地，不要為尋找盡善盡美的道路而掙扎。

實際上，並不是所有在生活中遭受磨難的人，在精神上都會煩惱不堪。相信有很多人在面對生活的磨難，不幸的遭遇時，往往是付之一笑，看得很淡；倒是那些平時生活安逸平靜、輕鬆舒適的人，稍微遇到不如意的事情，便會大驚小怪起來，造成自己深深的煩惱。

這說明，情緒上的煩惱與生活中的不幸並沒有必然的關聯性。生活中常碰到的一些不如意的事情，這很可能僅是引起煩惱的外在原因之一，煩惱情緒的真正病源，應當從煩惱者的內心去尋找。

大部分終日煩惱的人，實際上並不是真正遭到了多大的個人不幸，而是在自己的內心素質和對生活的認知上，存在著某種缺陷。

因此，當受到煩惱情緒襲擾的時候，就應當問一問自己為什麼會煩惱，從內在素質方面找一找煩惱的原因，學會從心理上去適應你周圍的環境。

生活中的挫折是必然存在的，但只要你以欣然接受的態度去迎接它，它就不會再讓你煩惱不堪，幸運之神也就會隨之降臨到你的身邊。

給他半壺水喝

在十七世紀，丹麥和瑞典發生了戰爭。

一場激烈的戰役下來，丹麥打了勝仗。

一個丹麥士兵坐下來，正準備取出壺中的水解渴。他突然聽到痛苦的呻吟聲，原來就在不遠處，躺著一個受了重傷的瑞典人，雙眼正盯著他的水壺看。

「你比我更需要。」丹麥士兵走過去，將壺嘴送到傷者的口中。

但是，瑞典人竟然伸出長矛刺向他，幸好偏了一點，只傷到了他的手臂。

「嘿！你竟然如此回報我。」丹麥士兵說，「我本來想要把整壺水都給你喝，現在只能給你一半了。」

後來，這件事被丹麥國王知道了。

他特地召見了這個士兵，問他為什麼不把那個忘恩負義的傢伙殺掉？

他輕鬆地回答：「我不想殺已經受了傷的人。」

真正強大的人，他希望自己的對手是比自己強的人，而不是一個弱者。真正豁達的人，總是能夠不計前嫌地寬恕別人。在別人多次忘恩負義之後，他仍有一顆饒恕的心。有這種偉大情操的人，不管走到哪裡都會得到他人的敬仰。

真正豁達寬容的人

從前有一個富翁，他有三個兒子，在他年事已高的時候，富翁決定把自己的財產全部留給三個兒子中的一個。可是，到底要把財產留給哪一個兒子呢？富翁於是想出了一個辦法：他要三兒子都花一年的時間去遊歷世界，回來之後看誰做到了最高尚的事情，誰就是財產的繼承者。

一年的時間很快就過去了，三個兒子陸續回到家中。富翁要他們三個人都講一講自己的經歷。

大兒子得意地說：「我在遊歷世界的時候，遇到了一個陌生人，他十分信任我，把他的一袋金幣交給我保管，可是那個人卻意外去世了，我就把那袋金幣原封不動地交還給他的家人。」

二兒子自信地說：「當我旅行到一個貧窮落後的村落時，看到一個可憐的小乞丐不幸掉到湖裡了，我立即跳下馬，從河裡把他救了起來，並留給他一筆錢。」

三兒子猶豫地說：「我，我沒有遇到兩個哥哥碰到的那種事，在我旅行的時候遇到了一個人，他很想得到我的錢袋，一路上千方百計地害我，我差點死在他手上。可是有一天當我經過懸崖邊時，看到那個人正在懸崖邊的一棵樹下睡覺，當時我只要抬一抬腳就可以輕鬆地把他踢到懸崖下，我想了想，覺得不能這麼做，正打算走，又擔心他一翻身掉下懸崖，就叫醒了他，然後繼續趕路了。這實在算不了什麼有意義的經歷。」

富翁聽完三個兒子的話，點了點頭說道：「誠實、見義勇為都是一個人應有的道德品性，稱不上是高尚。有機會報仇卻放棄，反而幫助自己的仇人脫離危險，這種寬容之心才是最高尚的。我的全部財產都是老三的了。」

恩將仇報的人和事是屢見不鮮的；有機會報仇卻放棄，反而幫助自己的仇人脫離危險的人和事並不多見。但只有這種寬容和豁達的人，才能享受人生的最高境界。

讓水沸騰

這次的期末考試，斯蒂克並沒有取得自己理想中的好成績，儘管分數上還說得過去，但只能排在全班第六名。這對心高氣傲的斯蒂克來說，是個不小的打擊，他一下子變得消極起來。

放寒假了，斯蒂克回到家裡，父親問起了學校裡的生活，斯蒂克告訴父親說：「其實真的很無趣。」

斯蒂克的父親是個鐵匠。他聽了兒子的話後，臉上很驚愕，在沉默了半晌之後，轉過身用他那粗壯的手舉起了一把大鐵鉗，從火爐中夾起一塊被燒得通紅的鐵塊，放在鐵墊上狠狠地錘了幾下，隨之丟入了身邊的冷水中。「滋」的一聲響，水沸騰了，一縷縷白煙向空中飄散。

父親說：「你看，水是冷的，然而鐵卻是熱的。當你把熱熱的鐵塊丟進水中之後，水和鐵就開始了較量——它們都有自己的目的，水想使鐵冷卻，同時鐵也想使水沸騰。在現實生活中，又何嘗不是如此呢？生活好比是冷水，你就是那快熱鐵，如果你不想自己被水冷卻，就得讓水沸騰。」

斯蒂克聽後感動不已，樸實的父親竟說出了這麼飽含哲理的話！

第二學期開始了，斯蒂克透過反省自己，並且不停地努力，在學習上終於有了很大的進步，與此同時，斯蒂克的內心也開始一天天地豐富、充實起來。

一個人如果沒有對生活的熱情，沒有對生活的激情，就做不出轟轟烈烈的事業來。唯有熱情，才能讓整個世界為你而燃燒。

求生的機會就在你的眼前

有個老牧師生活在一個山谷裡。四十年來，他照管著教區所有的人，施行洗禮，舉辦葬禮、婚禮，撫慰病人和孤寡老人，是一個典範的聖人。

有一天，天下起雨來。傾盆大雨連續不停地下了好幾天，高漲的水位，迫使老牧師爬上了教堂的屋頂。正當他在那裡渾身顫抖時，突然有個人划船過來，對他說道：「神父，快上來，我把你帶到高地。」

牧師看了看他，回答道：「四十年來，我一直按照上帝的旨意做事，我施行洗禮，舉辦葬禮，撫慰病人和孤寡老人。我一年只休一個星期的假期，而在這一個星期的假期中，你知道我做什麼去了嗎？我去了一家孤兒院幫院童們做飯。我真誠地相信上帝，因為我是上帝的僕人，因此你可以駕船離開，我將停留在這裡，上帝會來救我的。」那人划著船離去了。

兩天之後，水位漲得更高了，老牧師緊緊地抱著教堂的塔頂，水在他的周圍打轉。這時，一架直升機來了，飛行員對他喊道：「神父，快點，我放下吊架，你把吊帶穿在身上扣好，我們將把你帶到安全地帶。」

對此老牧師回答道：「不，不。」

他又一次講述了他一生的工作和他對上帝的信仰。這樣，直升機也離去了，幾個小時之後，老牧師被水沖走，淹死了。

在他升入天堂之後，他突然間遇到了上帝，他埋怨道：「四十年來，我遵照你的旨意做事，有過之而無不及，而當我遇到危險的時候，你卻不來救我，讓我被水淹死！」

上帝望著他，遺憾地說：「為了搭救你，我特地派出了一條小船和一架直升機，可是你自己卻放棄了求生的機會。」

事實上，在我們的生命中，類似於船與直升機的機會一直存在著，我們需要的只是正確地認識它們。

成功取決於你能否抓住機會。努力衝刺，才能使機會轉化為成功。

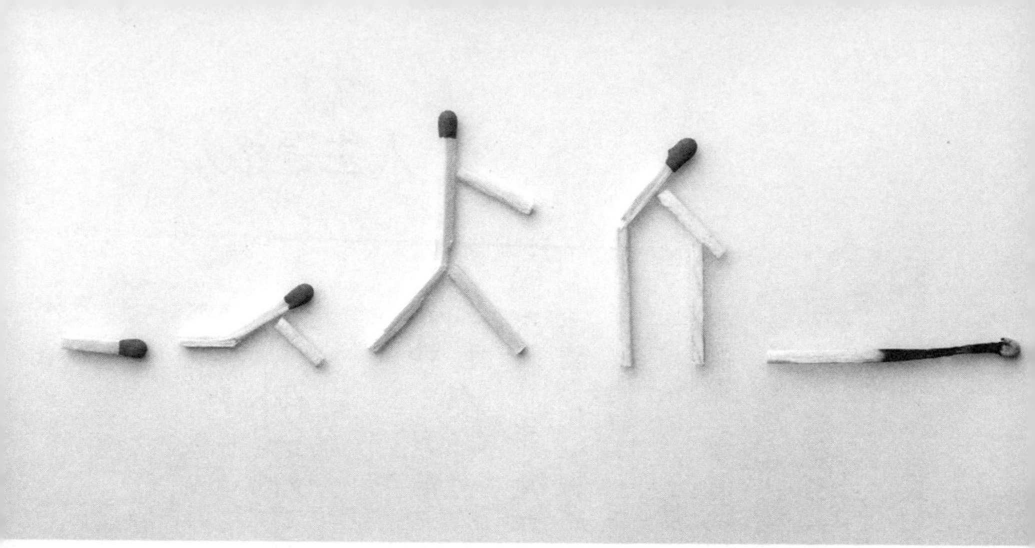

Chapter 06

隨遇而安坦然過生活

每個人都有自己的各自生活，

都有自己的幸福與不幸。

不要處處羨慕別人，

要學會坦然地享受自己的生活。

天外飛來的五十萬英鎊

叮鈴……弗蘭克．史密森睜開一隻眼睛，轉過身去關上了鬧鐘。「唉，睡不成了！」他心想，「又該去上班了。經理老是對著我大喊大叫，但那些女祕書們卻整天什麼工作也不用做，每天都是又說又笑地消磨時間。」

弗蘭克爬出被窩，慢吞吞地走出臥室。就在這時，他聽見信箱蓋子砰地響了一聲，接著便看見一個褐色信封落在門內。他拾起信打開一看，只見裡面的信箋上寫著：「貝格伍茲足球賭金會祝賀您贏了五十萬英鎊。」

弗蘭克立刻就明白了這是怎麼回事。他大叫一聲，口中含著的香煙從嘴裡掉了下來，半條街道上的人都聽見了這聲叫喊。妻子被叫聲吵醒後生氣地嚷道：「你是中邪了呢？還是有其他的毛病？」弗蘭克跑上樓來，「我發了財啦，看哪！這上面寫著……祝賀我……五十萬英鎊！」瑪麗也興奮地喊起來：「咱們發了財啦！發了財啦！」他攥著那封信，在房間裡轉著圈子地跳起舞來。

半小時後，史密森夫婦才在餐桌旁坐了下來，那封信擺在他們面前。

「咱們來計劃一下，要用這筆錢買些什麼東西呢？弗蘭克，」史密森太太說，「嗯，先把這些茶具淘汰掉吧！」說著，她走向櫥櫃，把裡面的瓷器都拿出來，一股腦兒扔進房間外面的垃圾桶裡。「這件也得扔。」於是，她的新外套也到垃圾桶裡和那些瓷器做伴去了。隨後，史密森太太又走到掛在門後的弗蘭克那套新衣服前。

「衣服就免了吧！親愛的，」弗蘭克懇求道，「它才剛買一個月！」

「弗蘭克，咱們有錢了！從今天起，你所有的衣服都可以到薩維爾．洛大街去買！」

「哼，」弗蘭克心想，「身穿薩維爾．洛服裝的我豈能屈就於一個小事務所呢？不就是那麼一個小事務所，從今天起我就不幹了！」

「你到哪兒去，親愛的？」看到丈夫穿上了外套，妻子問。

「到事務所去，我還有幾件沒辦完的事。」

見弗蘭克到十一點才露面，經理滿臉的不高興，「請你解釋一下，你為什麼遲到了兩個半小時？」

「你跳河去吧！」弗蘭克說，「我剛剛得到了一筆意外之財，再見啦！你再另找個人去對他吼叫吧！」

晚上，正當弗蘭克志得意滿地坐在火爐旁，吸著一支價錢極其昂貴的哈瓦那雪茄時，門外傳來一陣敲門聲。「我敢打賭，準是給我送那筆賭金來了。」弗蘭克一邊想，一邊走去把門打開，只見門外站著兩位衣冠楚楚的男子。

「史密森先生嗎？」其中一個人問。

「是呵！我就是。」弗蘭克回答說。

說話的人與自己的同伴交換了一下目光，然後說：

「史密森先生，我們是貝格伍茲賭金會的。真抱歉，我們弄錯人了……」

盡量不要選擇以投機取巧走捷徑的方式致富，不是依靠勞動賺來的錢總是不可靠的。

尋找新生活的小馬駒

有一匹可敬的老馬，牠失去了老伴，身邊只有一個唯一的兒子和牠一起生活。老馬十分疼愛牠，把牠帶到一片草地上去撫養，那裡有流水，有花卉，還有誘人的綠蔭，總之，那裡具有幸福生活所需的一切。

小馬駒根本不把這種幸福的生活放在眼裡，每天濫啃三葉草，在鮮花遍野的草原上浪費時光，毫無目的地東奔西跑，沒有必要地沐浴洗澡，沒感到疲勞就睡大覺。這匹又懶又胖的小馬駒對這樣的生活逐漸厭煩了，對這片美麗的草地也產生了反感。牠找到父親，對牠說：「近來我的身體一直很不舒服。這片草地不乾淨，傷害了我的皮膚；這些三葉草沒有香味；這裡的水夾帶著泥沙，我們在這裡呼吸到的空氣刺激了我的肺；一句話，除非我們離開這兒，不然我就去死。」

「我親愛的兒子，既然這攸關你的生命，我們馬上就離開這兒。」牠們說了就做——父子倆立刻出發去尋找下一個新的家。馬駒聽說要出去旅行，高興得嘶叫起來，而老馬卻不這麼快樂，牠安詳地走著，在前面領路。牠讓牠的孩子爬上陡峭而荒蕪的高山，那山上沒有牧草，就連可以充飢的東西也沒有。

天快黑了，仍然沒有找到牧草，父子倆只好餓著肚子躺下來睡覺。第二天，牠們幾乎餓得四肢發軟，好不容易吃到了一些長不高的灌木叢，心裡十分滿意。現在小馬駒不再奔跑了；又過了兩天，牠幾乎邁了前腿就拖不動後腿了。

老馬心想，給牠的教訓應該足夠了，就把兒子帶到一條牠不認識的路，走到半夜，又把牠帶回到原來的草原上。馬駒一發現嫩草，就急忙地去吃。

「啊！多麼絕妙的美味啊！多麼嫩的綠草呀！」牠喊了起來，「哪兒來的這麼甜這麼嫩的東西？父親，我們不要再往前去找了；我們別回老家去了——讓我們永遠留在這個可愛的地方吧！我們就在這裡安家吧！有哪個地方能跟這裡相比呀！」

牠這樣說著，說著，天亮了。馬駒認出了這個地方，原來這就是幾天前牠離開的那片草地。牠垂下了眼睛，非常羞愧。

享受太多，就會感到麻木，失去快樂；如果要得到幸福，就必需適度的節制，限制自己過高的慾望。

被裝在一輛車上的豬

一頭肥豬、一隻山羊和一隻綿羊，同時被裝在一輛車上趕集，有人說是要把牠們載到集市上去賣掉，但趕車的主人說只是帶牠們到集市上看魔術表演。

肥豬一路上又是喊又是叫的，就像屁股後有一百個屠夫在追殺牠，那喊叫聲真讓人受不了。

而其他兩隻羊則溫順老實多了，牠們並沒有看到有什麼值得大驚小怪的災難臨頭，見豬使勁地喊「救命」，實在有些不理解。

主人耐著性子對豬說：「你歇斯底里的叫喊幹什麼？吵得我們的頭都快要炸了。你難道就不能安靜一會兒？你看這兩隻羊比你老實多了，你要多向牠們學學，至少安靜休息一會兒。看看這隻綿羊，牠多老實聽話，你聽牠哼過一聲嗎？」

「牠是個傻瓜，」豬馬上回嘴說，「要是牠知道大難臨頭的話，我保證牠會比我喊得還要凶，另一個老實的傢伙也會扯破嗓子喊救命的。現在牠倆還做著擠奶剪毛的夢，不知我說得對不對。反正我只能把自己的肉給人家吃，我已是死到臨頭了。」說完，又接著嚎哭起來。

在某些時候，一個人只能隨遇而安。既然是恐懼和抱怨也絲毫改變不了嚴峻的局面，最聰明的辦法就是看開些，別想那麼多！

嚮往新生活的大石頭

有一塊美麗的大石頭，被山澗的激流沖洗得十分光潔。一天，激流開始變窄，衝力也漸漸減弱，最後，水全部退去，一滴也不存在了。這樣，石頭就在陡峭的山坡上顯露出來。巧的是，它正好位在一座小樹林的附近，那裡恬靜又美麗。山坡下面是一條石子路。光潔的大石頭佔有特殊的地勢，從那兒可以飽覽許多迷人的風光。在這長滿青草、開遍鮮花、充滿芳香的地方，照理說，它應當感到非常幸運。

一天，它望著道路，發現人們在鋪鵝卵石，使路面變得更堅硬。突然，他產生了一個衝動，要到下面的道路上去。

它對自己說：「我在這上面和青草混在一起幹什麼?我應當和兄弟姐妹們生活在一起。我覺得，這樣做才是最正確的。」它這樣說著，一衝動之下，就開始努力向下滾動。真巧，它一直滾到路中間才停下來，四周全是和它類似的曾經吸引著它的鵝卵石。

「好極了，我就待在這兒！」

這條道路十分繁忙。大三輪車從它的身上壓過，奔馳的駿馬震撼著大地，強而有力的馬蹄鐵踐踏著它。還有穿著鐵釘靴子的農民和成群的牲畜都經常光顧它。沒有多久的時間，這塊美麗的石頭就遇到了許多麻煩：有的打擊它，有的踐踏它，有的敲去它的一塊碎片。在灰塵、泥土和牲畜糞便的下面，它幾乎都認不出自己的本來面目來了！

被玷污的石頭開始向上看了，它痛苦地望著它離開的地方。那裡是多麼翠綠，多麼潔淨，多麼芳香和美麗呀！石頭為它失去的天堂歎氣，痛哭流涕，但是，一切都是枉然。

「啊！回不到山坡上去了，我永遠都不會再有那種安寧的日子！對我來說，幸福已不存在了……」

要學會享受生活，適度的隨遇而安；千萬不能總是這山望著那山高，懷有不適當的慾望和追求；否則，就可能給自己招致磨難和痛苦。

尋找快樂的襯衫

從前，在一個遙遠的國家裡，國王病得很嚴重。宮廷裡所有的醫生都來看望過他。雖然盡了最大的努力，但是，國王的病情絲毫不見好轉，反而更加惡化了。後來，他們絕望了，只好從國外請來了一位著名的醫生。這位外國醫生看了一下國王的病情，嚴肅地說：「陛下，只有一樣東西能夠救你！」

國王問：「什麼東西？只要你能救活我，無論你要什麼，我都能給你。」

醫生說：「不！我是說，你只要穿上一件快樂的人的襯衫睡上一夜，你的身體就會康復的。」

於是，國王派了兩個大臣去找快樂的人。叮囑說如果找到了，就把他的襯衫帶回來。就這樣，兩個大臣首先找到了城裡最富裕的人，問他是不是一個快樂的人。

最富裕的人說：「快樂？我難以預料明天我的船會不會遇難，小偷總是想趁機進到我的家裡來。哎！有了這些煩惱的事，我怎麼會快樂呢？」

後來，大臣又找到僅次於國王的宰相家裡，他們問：「你是個快樂的人嗎？」

宰相說：「別傻了！外國有敵人要侵略我們，旁人企圖奪我的權，奴僕們希望增加收入，有錢的人又想少繳些稅，作為一個宰相會是一個快樂的人嗎？」

兩個大臣走遍了整個國家，始終找不到一個快樂的人。他們又疲勞，又悲傷，只能返回宮中了。正在這時，他們看到一個乞丐坐在路旁，生了一堆火，用一隻長柄平底鍋煎香腸、煮飯吃。還得意地唱著歌呢！兩個大臣對望著：「這個乞丐不就是我們要找的人！於是上前攀談：「你看上去，很快樂！」

乞丐回答：「當然，我很快樂！」

兩個大臣高興得簡直不敢相信自己的耳朵，連忙異口同聲他說：「朋友，我們想出高價借用你的襯衫！」

乞丐一陣大笑，「對不起，先生們！我可是一件襯衫也沒有哇！」

不要奢求華屋美廈，不必垂涎山珍海味。過一種簡樸素淨的生活，一種外在的財富也許不如人、但內心充實富有的生活，才能享受真正的人生。

正確看待**客觀的事物**

一位農夫累了，坐在橡樹下休息，享受著清靜，他十分滿意地看著田裡的作物。那麼多瓜果，都好似他自己的子女，都是他辛苦勞動的結晶。他望著地上的南瓜和甜瓜突發奇想，自言自語：「為什麼上帝讓橡實長在高高的枝頭；為什麼不讓南瓜，甜瓜和黃瓜也長在高處呢？」

他的話才剛剛說完，一顆橡實落下來，正好打在他的鼻子上。

「天哪！」老實的農夫叫了起來，「幸虧這是一顆橡實，如果是個大南瓜，可能會把我的鼻子給砸掉了！」

西方人有一句名言：「存在的東西都是合理的。」我們在生活中的某些時候還是應該採取順其自然、隨遇而安的態度，不盲目怨天尤人。

一起馱貨的**驢**和**騾子**

有一天，驢夫趕著驢子和騾子一起馱貨趕路。

驢子十分氣憤他們倆馱的東西一樣多，而騾子卻吃了多於自己雙倍的飼料。他們剛走一會兒，驢夫看見驢子有點走不動了，便從他背上拿下一部分貨物，加在騾子背上。他們又走了一會兒，驢夫看到驢子累得更加不行了，又取了一部分貨物；最後把驢子身上馱的所有貨物，全都加在騾子的背上。

這時，騾子回過頭對驢子說：「喂！朋友，你現在還氣我吃雙倍的飼料嗎？」

每個人都有自己的職責和貢獻，也因此而獲得相應的酬勞。不要與別人斤斤計較，過分爭名奪利。

擔心天會掉下來的杞國人

從前有個小國家叫杞。杞國有一個人，整天胡思亂想，疑神疑鬼。他一會兒擔心天會崩塌下來，砸扁了腦袋；一會兒擔心地會陷落下去，埋住了全身。他越想越害怕，整天憂心忡忡，白天吃不下飯，夜裡不敢睡覺。這件事慢慢地被傳開了。

有個熱心的人看到他那副憂愁煩悶的樣子，擔心他把身體弄壞了，就去開導他說：「天不過是一股積聚的氣體，上下四方到處都有。人的一舉一動，一呼一吸都要和它接觸。你整天在氣體裡活動，為什麼還要擔心它會掉下來呢？」

這個杞國人半信半疑地問：「如果天真是一股積聚的氣體，那麼太陽、月亮和星星不就要掉下來了嗎？」

「不會，不會！」那個人回答，「太陽、月亮、星星也不過是氣體中會發光的物質。就是掉下來，也不會傷人的，你儘管放心。」

杞國人又問：「那麼，地要是塌下去了怎麼辦呢？」

熱心人說：「地也不過是堆積起來的土塊罷了。東南西北到處都有這樣的土塊。你東走西跑，蹦蹦跳跳，成天在地上活動，根本不必擔心它會塌陷下去。」杞國人聽了，心裡就好像放下了千斤重擔，臉上露出了笑容。

俗話說：「天下本無事，庸人自擾之。」「疑心生暗鬼。」不論做什麼，我們都要正確分析形勢，保持寬闊、坦然的胸懷；不要胡思亂想，疑神疑鬼，自尋煩惱。

貪婪地吸吮蜂蜜的蒼蠅

一天，一個孩子追逐著一隻貓，想抓住牠，這隻貓倉皇的奔跑，一頭鑽進廚房裡，突然，「砰」的一聲，牠將一瓶蜂蜜打破了。蜂蜜灑了出來，甜味瀰漫在院子裡。有一群蒼蠅被蜂蜜的甜味吸引，紛紛從窗外飛進來，停在蜂蜜的黏液上貪婪地吸吮著。牠們沒注意到雙腳已被蜂蜜黏住了，依然享受著蜂蜜的甜味，沒多久，牠們飛不開也動不了，身體漸漸地凝在蜂蜜裡。

這群蒼蠅越是想掙脫，越是被黏得牢牢的，最後，用盡了力氣也沒有辦法逃離。斷氣前，牠們嘶吼著：「我們真傻，為了一點甜頭，竟然害死了自己。」

目光短淺的人常為了享受一時之快、貪圖蠅頭小利，結果遺禍無窮，葬送自己大好前程。因此，在誘惑和享受面前，一定要保持冷靜，適度節制。

旅館裡的老鼠

因為家裡剛剛刷上油漆，所以戴維到附近一家很清靜的旅館去避居幾日。他帶的行李只是一個裝著兩雙襪子的雪茄煙盒，另有一份舊報紙包著一瓶酒，以備不時之需。

午夜左右，戴維忽然聽到浴室中有一種奇怪的聲音。過了一會兒，跑出來了一隻小老鼠，牠跳上鏡台，嗅嗅他帶來的那些東西。然後又跳下地板，在地板上做了些怪異的老鼠體操，後來牠又跑回浴室，不知在忙些什麼，終夜不停。

第二天早晨，戴維對打掃房間的女清潔員說：「這房間裡有老鼠，膽子很大，吵了我一夜。」

女清潔員說：「這旅館裡沒有老鼠。這是頭等旅館，而且所有的房間都剛剛油漆過。」

戴維下樓時對男服務員說：「你們的女清潔員真的很忠心。我告訴她說昨天晚上有隻老鼠吵了我一夜。她說那是我的幻覺。」

男服務員說：「她說得對。這裡絕對沒有老鼠！」

戴維的話一定被他們傳開了。櫃檯服務員和門外的警衛在戴維走過時都用怪異的眼光看他：此人只帶兩雙襪子和一瓶酒來住旅館，偏又在絕對不會有老鼠的旅館裡看見了老鼠！

無疑，戴維的行為替他博得了近乎荒誕的評語，那種嬌慣任性的孩子或是孤傲固執的老人病夫所常得到的評語。

第二天晚上，那隻小老鼠又出來了，照舊跳來跳去，活動一番。戴維決定採取行動。

第三天早晨，戴維到雜貨店裡買了一個老鼠籠和一小包鹹肉。他把這兩件東西包好，偷偷帶進旅館，不讓當時值班的員工看見。第二天早上他起身時，看到老鼠被關在籠子裡，既是活的，又沒有受傷。戴維不準備對任何人說什麼。只打算把牠連籠子提到樓下，放在櫃檯上，證明自己不是無中生有地瞎說。

但在準備走出房門時，他忽然想到：「慢著！我這樣做，豈不是太無聊，而且很惹人厭？是的！我所要做的是爽爽快快的證明，在這個所謂絕對沒有老鼠的旅館裡，確實有隻老鼠，從而一舉消滅牠。我以雪茄煙盒裝兩雙襪子，外帶一瓶酒（現在只剩空瓶了）來住旅館而博得怪人畸形的外號。我這樣做，是自貶身價，使我成為一個不惜以任何方法證明我沒有錯的氣量窄狹、迂腐無聊的人……」

想到這，戴維趕快走回房間，把老鼠放出，讓牠從窗外寬闊的窗台跑到鄰屋的屋頂上去。

半小時後，他下樓退掉房間，離開旅館。出門時把空老鼠籠遞給侍者。廳中的人都向戴維微笑點頭，看著他推門而去。

在很多情況下，為了證明自己是正確的，而傷害了別人的面子，如此一來將會犧牲了你的人緣，這是不值得的。

寂寞的**鳥鳴聲**

一個炎熱的夏天，我和兩個在北部唸書的同學聚在一起聊天。我們坐在同學家院子裡的涼亭中高興地聊著，涼亭旁有個小水池，幾條熱帶魚嬉游其間，池邊有幾棵垂柳隨風搖曳，柳枝在水面劃出層層的漣漪。涼亭的簷角掛著一個鳥籠。從籠子裡不時傳來一隻黃鶯婉轉悅耳的鳴叫聲。在這樣閒適的情景中，鳥鳴更使我心曠神怡，不覺問道：

「為什麼不養兩隻呢？」

「兩隻母的在一起會打架，一公一母在一起就不叫了。」同學不以為然的說。

「為什麼？」我好奇的問。

「精神有了寄托，當然就不需用叫聲來發洩了。」

「你不覺得太殘忍了嗎？」我頓生憐憫之心。

「有什麼殘忍，我們養牠就是要聽牠叫。」

「那我們的快樂是建築在鳥的寂寞上。」

「誰去管鳥寂寞不寂寞。鳥生出來就是要叫的，不然牠要美妙的聲音幹什麼。」

「就是嘛！牠在樹林裡叫我們可以聽，和牠在這裡叫給我們聽還不是一樣。」另一個同學插嘴道。

我忽然心裡有氣：「話是說得沒錯！但也別太自作多情，牠們可不是叫給我們聽的！」

對別人要盡量寬容些。我們不能把自己的快樂建築在別人的痛苦之上。

一個女人的心願

一個女人沿著海邊垂頭喪氣地走著，忽然看見沙中有個瓶子。她拾起瓶子拔開瓶塞，唰地出現了一大股濃煙。

一個妖怪在濃煙中對她說：「謝謝你把我從牢獄中放出來，為了報答你，我可以實現你三個心願。不過你得當心，對於你許下的每一個心願，你的男人都會得到相當於你所得到的兩倍。」

「為什麼呢？」女人問道，「那個無賴拋棄了我，投入了另一個女人的懷抱，他怎能再從我這裡拿到好處呢！」

「魔法就是這麼規定的。」妖怪答道。女人聳聳肩，於是向妖怪要一百萬美元。

電光一閃，在她的腳邊出現了一百萬美元。同一時刻，在一個遙遠的地方，她那個反覆無常的丈夫低頭一看，腳邊竟有一堆錢是那個數目的兩倍。

「你的第二個要求是什麼？」

「妖怪，我想要世界上最珍貴的寶石項鍵。」又是電光一閃，女人的手裡出現了那件珍寶。而在那個遙遠的地方，她丈夫正在尋找珠寶商賣他剛到手的不義之財。

「妖怪，我丈夫果真得到二百萬美元和比我還多的珠寶嗎？我希望什麼他都能得到相當於我的兩倍嗎？」

妖怪說這是千真萬確的事情。

「那好，妖怪，我已準備好要說出我最後一個心願了，」女人說，「把我嚇到半死吧！」

寧可兩敗俱傷，也不願自己的對手獲利，這不是很愚蠢嗎？

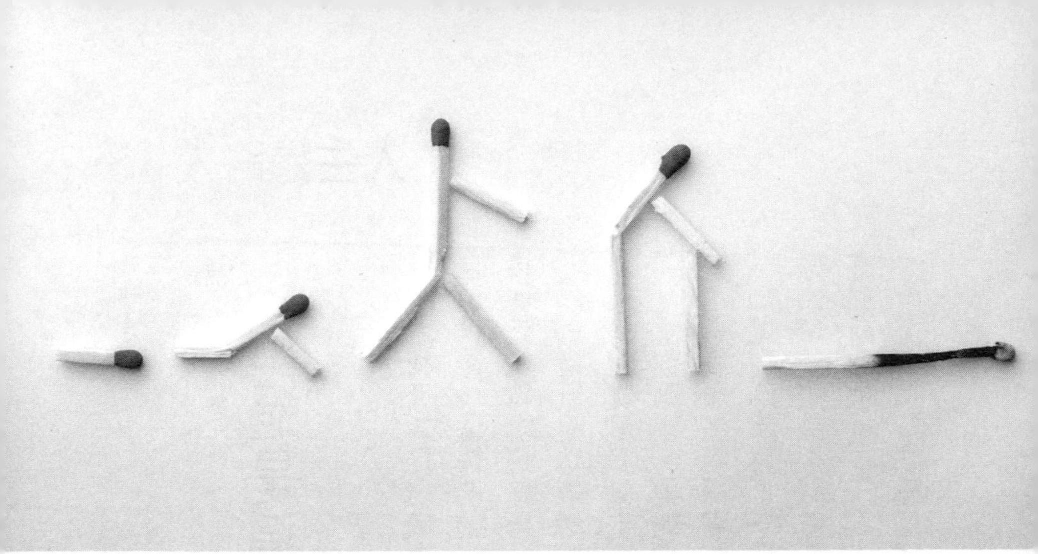

Chapter 07

告別患得患失的絆腳石

人生往往如此，有的人活得很黯淡，

這並不是因為他的生活中缺乏陽光，

而是消極的心態早已把所有朝向陽光的窗戶緊緊關上了。

不過是損失了**兩個馬克**

尤利烏斯是一個畫家，而且是一個很有才華的畫家。他畫快樂的世界，因為他自己就是一個快樂的人。不過沒人買他的畫，因此他想起來會有點傷感，但片刻之後他就能夠調適好自己的情緒。

「玩玩足球彩券吧！」他的朋友們勸他，「只花二馬克便可贏很多錢！」

於是尤利烏斯花二馬克買了一張彩券，並真的中了頭彩！他賺了五十萬馬克。

「你瞧！」他的朋友都對他說，「你多幸運啊！現在你還經常畫畫嗎？」

「我現在就只畫支票上的數字！」尤利烏斯笑道。

尤利烏斯買了一幢別墅並對它進行一番內部裝潢。他很有品味，買了許多質感好的家飾用品：阿富汗地毯、維也納櫃櫥、佛羅倫薩小桌、邁森瓷器，還有古老的威尼斯吊燈。

尤利烏斯很滿足地坐了下來，他點燃一支香煙靜靜地享受他的幸福。突然他感到好孤單，便想去看看朋友。他把煙往地上一扔，在原來那個石頭做的畫室裡他經常這樣做，然後他就出去了。

燃燒著的香煙躺在地上，躺在華麗的阿富汗地毯上……一個小時以後別墅變成一片火海，它完全被燒沒了。

朋友們很快就知道這個消息，他們都來安慰尤利烏斯。

「尤利烏斯，你真是不幸呀！」他們說。

「怎麼會不幸呢？」他問。

「你的損失呀！尤利烏斯，你現在什麼都沒有了。」

「那有什麼呀？只不過是損失了二個馬克。」

不要把金錢和財產看得過重。超越患得患失的貪婪心理，人生就會變得開闊許多。

懷疑自己生病的人

一天，萊德佛恩覺得自己好像生病了，就去圖書館借了一本醫學手冊，看該怎樣治自己的病。他一口氣讀了許多內容，還不滿足，又繼續讀了下去。

當他讀完介紹霍亂的內容時，方才明白，自己罹患霍亂已經有好幾個月了。他被嚇住了，癡癡地呆坐了好幾分鐘。

後來，萊德佛恩很想知道自己還患有什麼病，就依次讀完了整本醫學手冊。這下他可明白了，除了膝蓋積水症外，自己身上什麼病都有！

他非常緊張，在屋子裡來回的踱步。萊德佛恩想：「醫學院的學生們用不著去醫院實習了，我這個人就是一個各種病症都齊備的醫院，他們只要對我進行診斷治療，然後就可以得到畢業證書了。」

萊德佛恩迫不及待地想弄清楚自己到底還能活多久！於是，就做了一次自我診斷：先動手找脈搏。一開始他懷疑自己連脈搏也沒有了！後來才突然發現，一分鐘跳一百四十次！接著，又去找自己的心臟，但無論如何也找不到！他感到萬分恐懼……

萊德佛恩不知道自己是怎麼來到醫院的。一進診間，他就說：

「醫生，我不說我有哪些病，只說我哪裡沒麼病，我再活也沒多久了！我全身上下只剩沒罹患膝蓋積水症。」

醫生給他下了診斷，坐在桌邊，在紙上寫了些什麼就遞給了他。他顧不上看處方，就塞進口袋，立刻去取藥。趕到藥局，他匆匆的把處方遞給藥劑師，藥劑師看了一眼，就笑著退給他說：「這是藥局，不是大飯店。」

萊德佛恩很訝異地望了藥劑師一眼，拿回處方一看，自己也忍不住笑了，原來上面寫的是：

煎牛排一份，啤酒一瓶，六小時一次。

十英哩路程，每天早上一次。

生活中，幾乎到處都有疑神疑鬼、老是擔心自己得了什麼病的人。我們一定要保持心態的平和，盡量享受生活中的每一天，不要沒病找病。

一路不停追逐的獵狗

俄亥俄州的威伯克耐塔瀑布有一隻獵狗，多年前，牠奉命跟蹤一個嫌疑犯。一路上，牠經過了阿克倫、克利夫蘭、布法羅、錫拉庫薩、羅切斯特、奧爾巴尼，最後來到紐約。這裡正在舉行一個盛大的西敏寺狗展，然而，這隻獵狗卻不能一飽眼福，因為嫌疑犯乘當天的第一班船去了歐洲。

在瑟港靠岸後，獵狗又跟著來到了巴黎、波伏瓦、加來、多佛、倫敦、切斯特、蘭迪法諾、貝閣瑟科伊德，最後又到了愛丁堡；這裡正在舉行一年一次的國際羊展，為了盡職，牠不得不放棄參觀，又跟著那人到了利物浦。可是，還沒來得及看一眼這美麗的城市，牠又馬不停蹄地跟著那人回到了紐約。

在美國，獵狗一路跟蹤經過了田納西、特那夫來、奈阿克和皮派克。在皮派克，牠甚至顧不上和當地的剛毛小猛犬聊聊，因為那個嫌疑犯又日夜兼程趕往辛辛那提、聖路易斯、堪薩斯城，接著又回過頭來到聖路易斯、辛辛那提、科倫堡、阿克倫，最後又回到了威伯克耐塔瀑布。

可是這時，案情大白：此人根本不是什麼罪犯。於是乎，長途的追蹤一下子變成白忙一場。在這場跟蹤中，獵狗的腳趾肌肉受了傷，體力大大的減弱，最後，牠的奔跑速度甚至跟烏龜比也快不了多少。

此外，在跟蹤的過程中，牠整日把眼睛和鼻子貼在地面上，因此錯過了一個又一個觀賞美妙世界的機會。

生活在緊張環境中的現代人，要學會適當的放鬆，欣賞和享受瀟灑的人生境界，不要過於匆忙地去追逐那些錯誤的人生目標。

我不能再失去好的心情

一位疲憊的詩人去旅行，出發沒多久，他就聽到路邊傳來一陣悠揚的歌聲。那是一個快樂男人的聲音。

他的歌聲實在太快樂了，像秋日的晴空一樣明朗，如夏日的泉水一樣甘甜，任何人聽到這樣的歌聲，都會馬上被感染，讓快樂把自己緊緊地包裹起來。

詩人駐足聆聽。

歌聲停了下來。一個男人走了出來，他的微笑甚至比他本人出來得更早。

詩人從來沒有見過一個人的笑容能笑得這樣燦爛，心想只有從來沒有經歷過任何艱難困苦的人，才能笑得這樣燦爛，這樣純潔。

詩人上前問候：「你好，先生，從你的笑容就可以看得出來，你是一個與生俱來的樂天派，你的生命一塵不染，你既沒有嘗過風霜的侵襲，更沒有受過失敗的打擊，煩惱和憂愁也沒有叩過你的家門……」

男人搖頭：「不，你錯了，其實就在今天早晨，我那唯一的一匹馬不見了。」

「最心愛的馬都不見了，你還能唱出歌來？」

「我當然要唱了，我已經失去了一匹好馬，如果再失去一份好心情，我豈不是要蒙受雙重的損失嗎？」

「人生不如意之事，十之八九。」在很多時候，得失成敗並不會如我們所期望的那樣可以選擇。但是，生活中的苦樂全在於我們的感覺，以更豁達的態度去對待已發生的一切吧！

幸福是真情培養出來的

有一個很想成為富翁的青年，到處旅行流浪，辛苦地尋找著成為富翁的方法。

幾年過去了，他不但沒有變成富翁，反而成為衣衫襤褸的流浪漢。

最後，他想起了寺廟裡的觀世音菩薩。他知道菩薩無所不能，救苦救難，於是就跑到廟裡，向觀世音菩薩祈願，請求菩薩教他成為富翁的方法。

觀世音菩薩被他的虔誠感動了，就教他說：「要成為富翁很簡單，你從這寺廟出去以後，要珍惜你遇到的每一件東西、每一個人。並且為你遇見的人著想，佈施給他。這樣，你很快就會成為富翁了。」

青年聽了，心想方法真簡單，高興得不得了，就告辭菩薩，手舞足蹈地走出廟門，一不小心竟踢到石頭絆倒在地上。當他爬起來的時候，發現手裡黏了一枝稻草，正想隨手把稻草去掉，猛然想起了觀世音菩薩的話，便小心翼翼地拿著稻草向前走。

路上迎面飛來一隻金龜子，他想起菩薩的話，就把金龜子綁在稻草上，繼續往前走。

突然，他聽見了小孩子號啕大哭的聲音，走上前去，看見一位衣著華麗的婦人抱著正在大哭大鬧的小孩子，怎麼哄騙也不能使他停止哭泣。當小孩看見青年手上綁著金龜子的稻草時，立即好奇地看著，停止了哭泣。那人想起菩薩的話，就把稻草送給孩子，孩子高興得笑了起來。婦人非常感激，送給他三個橘子。

他拿著橘子繼續上路，走了不久，看見一個布商蹲在地上喘氣。他想起菩薩的話，走上前去問道：「你為什麼蹲在這裡，有什麼我可以幫忙的嗎？」布商說：「我口好渴呀！渴得連一步路都走不動了。」

「那麼，這些橘子送給你解渴吧！」他把三個橘子全部送給布商。布商吃了橘子後，精神立刻振作起來。為了答謝他，布商送給他一匹上好的綢緞。

青年拿著綢緞往前走，看到一匹馬病倒在地上，騎馬的人正在那裡一籌莫展。他就徵求馬主人的同意，用那匹上好的綢緞換那匹病馬，馬主人非常高興地答應了。

他跑到小河邊去，提回一桶水給那匹馬喝，細心地照顧牠，沒想到才一會兒，馬就好起來了。原來馬是因為口渴才倒在路上。

青年騎著馬繼續前進，在經過一家大宅院前面時，突然跑出來一個老人攔住他，向他請求：「你這匹馬，可不可以借給我呢？」

他想起觀世音菩薩的話，就從馬背上跳下來，說：「好，就借給你吧！」那老人說：「我是這大宅院的主人，現在我有緊急的事要出遠門。這樣好了，等我回來還馬時再重重地答謝你；如果我沒有回來，這宅院和土地就送給你好了。你暫時住在這裡，等我回來吧！」說完，就匆匆忙忙的騎馬走了。

青年在那座大宅院住了下來，等老人回來。沒想到老人一去不回，他就成為大宅院的主人，過著富裕的生活。這時他才悟到：「哎呀！我找了許多年成為富翁的方法，原來這樣簡單！」

幸福不是尋找出來的，而是腳踏實地滿懷熱誠和真情做出來的。真正通往富足的道路，不是財產的堆積，也不是名利的追求，而是珍惜我們所遇到的每一件東西，每一個人，處處為人著想，在幫助別人的同時，也享受到了生活的饋贈。

不要過度的悲傷

很久以前，有一個老婦人，與一個獨生子相依為命。老婦人原以為可以與獨子長相依靠的，不料獨子突然得了重病，不治而亡。老婦人的鄰居幫助老婦人把死者埋了。老婦人痛失愛子，死也不肯離開墳地。她不吃不喝，哭呀哭呀，只想與兒子一道離開人世。就這樣過了四五天，老婦人果然氣息奄奄，命在旦夕了。

這時，虛竹大師來到老婦人身邊，問道：「您為何停在墳間不肯離去呢？」

「唉！我唯一的愛子離我而去，我痛不欲生，只求和兒子一同離開人世。」老婦哭著說。

虛竹大師又問老婦：「你想不想讓兒子活過來呀？」

老婦一聽，精神倍增，說：「當然想呀，你可有什麼辦法嗎？」

虛竹大師道：「你如果能找來一種香火，我便可以拿著此火為你兒子許願，叫你兒子復活。」

「那是什麼樣的香火呢？」老婦問。

「這種香火就是從來沒有死過人的人家燃著的香火，你去把它找來吧！」虛竹大師說。老婦聽信虛竹大師的話，便四處討香火去了。每到一戶人家，老婦就問：「你家死過人嗎？」

「死過，曾死過不少人呢！」

老婦繼續走，每到一戶，老婦依舊問：「你們家以前死過人嗎？」「死過，我們的祖先都在我們前面死了。」「怎麼會沒死過人呢？」回答幾乎千篇一律。老婦跑了許多路，問了不知多少戶人家，每家的回答，幾乎一模一樣。無可奈何，老婦回來了，告訴虛竹大師：「我已經遍求所有人家，卻沒有一家沒有死過人的，這樣的香火看來我是取不來了。」

虛竹大師說：「既然如此，你又何必為死了兒子而過度悲傷呢？」

老婦人恍然大悟，她被說服了。

幾乎每個人在生活中都要遭受類似失去親人的不幸，我們要冷靜客觀地看待這種境遇，不要因此而盲目怨天尤人。

每個人都有**自己的見解**

有個人到寺廟裡去玩，他看見菩薩坐在上面，就問道：「請問菩薩，您在想什麼？」

菩薩說：「我什麼也沒有想。」

「那您的眼神我們為何猜不透？」

「噢，是這樣，」菩薩安詳地笑了笑，「我的心明靜得像水，可以清澈見底。我什麼也沒有想，也不受外界情況變化的影響。所謂的七情六慾，只是你們見到喜歡的東西或高興或悲傷，而我除了吃的外，認為別的都是身外之物。懂得這個道理，你就可以成為聖人了。把一個人比喻成佛，他一生下來，什麼都沒有，如果他能隨遇而安，當勞作時勞作，當休息時休息，能心情快樂，助人為善，那何愁不如彭祖活八百歲呢？」

「那我活這麼長時間幹什麼？」

「這個嘛，各人有各人的見識。」

「既然這樣，我可不想成佛，我就隨遇而安吧！多謝菩薩指點。下次再見。」

這個人走出了山門。

人不能不隨遇而安。這並不是主張讓我們不思進取，而是強調要現實些，盡情欣賞和享受你所擁有的一切，而不是去做好高騖遠、不切實際的追求。

垂釣老翁的人生觀念

在一個美麗的海灘上，有一位不知從哪來的老翁，每天坐在固定的一塊礁石上垂釣。無論運氣怎樣，釣多釣少，兩小時的時間一到，便收起釣具，揚長而去。

老人的古怪行動引起了一位後生的好奇。一次，這位小伙子忍不住問：「當你運氣好的時候，為什麼不一鼓作氣釣上一天？這樣一來，就可以滿載而歸了！」

「釣更多的魚用來幹什麼？」老者平淡地反問。

「可以賣錢呀！」小伙子覺得老者傻得可愛。

「得了錢用來幹什麼？」老者仍平淡地問。

「你可以買一張網，捕更多的魚，賣更多的錢。」小伙子迫不及待地說。

「賣更多的錢又幹什麼？」老者還是那副無所謂的神態。

「買一條漁船，出海去，捕更多的魚，再賺更多的錢。」小伙子認為有必要給老者訂一個規劃。

「賺了錢再幹什麼？」老者仍是顯出無所謂的樣子。

「組織一支船隊，賺更多的錢。」小伙子心裡直笑老者的愚鈍不化。

「賺了更多的錢再幹什麼？」老者已準備收竿了。

「開一家遠洋公司，不光捕魚，而且運貨，浩浩蕩蕩地出入世界各大港口，賺更多更多的錢。」小伙子眉飛色舞地描述道。

「賺更多更多錢還幹什麼？」老者的口吻已經明顯地帶著嘲弄的意味。

小伙子被這位老者激怒了，沒想到自己反倒成了被問者。「你不賺錢又幹什麼？」他反擊道。

老人笑了：「我每天釣上兩小時的魚，其餘的時候嘛，我可以看看朝霞，欣賞落日，種種花草蔬菜，會會親戚朋友，十分優哉，更多的錢於我何用？」說話間，已打點行裝走了。

拋棄功利思想，以一種悠閒的心態在海灘上垂釣，觀朝霞，賞落日，該是一種多麼令人神往的人生境界啊！

為耶穌分擔辛苦的看門人

北歐一座教堂裡，有一尊耶穌被釘在十字架上的塑像，大小和一般人差不多。因為有求必應，因此專程前來這裡祈禱，膜拜的人特別多，幾乎可以用門庭若市來形容。

教堂裡有位看門的人，看十字架上的耶穌每天要應付這麼多人的要求，覺得於心不忍，他希望能分擔耶穌的辛苦。

有一天他祈禱時，向耶穌表明這份心願。意外地，他聽到一個聲音，說：「好啊！我下來為你看門，你上來釘在十字架上。但是，不論你看到什麼、聽到什麼，都不可以說一句話。」這位先生覺得，這個要求很簡單。

於是耶穌下來，看門的先生上去，像耶穌被釘在十字架般地伸張雙臂，本來塑像就雕刻得和真人差不多，所以來膜拜的群眾不疑有他，這位先生也依照先前的約定，靜默不語，聆聽信友的心聲。來往的人潮絡繹不絕，他們的祈求，有合理的，有不合理的，千奇百怪不一而足。但無論如何，他都強忍下來而沒有說話，因為他必須信守先前的承諾。

有一天來了一位富商，當富商祈禱完後，竟然忘記手邊的錢便離去。他看在眼裡，真想叫這位富商回來，但是，他憋著不能說。

接著，來了一位三餐不繼的窮人，他祈禱耶穌能幫助他渡過生活的難關。當要離去時，發現先前那位富商留下的袋子，打開，裡面全是錢。窮人高興得不得了，耶穌真好，有求必應，萬分感謝地離去。

十字架上偽裝的耶穌看在眼裡，想告訴他，這不是你的。但是，約定在先，他仍然憋著不能說。

接下來有一位要出海遠行的年輕人來到，他是來祈求耶穌降福他平安。正當要離去時，富商衝進來，抓住年輕人的衣襟，要年輕人還錢，年輕人不明就裡，兩人吵了起來。這個時候，十字架上偽裝的耶穌終於忍不住，於是開口說話了。

既然事情清楚了，富商便去找冒牌耶穌所形容的窮人，而年輕人則匆匆離去，生怕搭不上船。

偽裝成看門的耶穌出現，指著十字架上說：「你下來吧！那個位置你沒有資格了。」

看門人說：「我把真相說出來，主持公道，難道不對嗎？」

耶穌說：「你懂得什麼？那位富商並不缺錢，他那袋錢不過用來嫖妓，可是對那窮人，卻是可以挽回一家大小生計；最可憐的是那位年輕人，如果富商一直纏下去，延誤了他出海的時間，他還能保住一條命，而現在，他所搭乘的船正沉入海中。」

人生本來就是不完美的，旅途中有太多不可預料的東西，有順境，也有逆境；有無往不利的時候，也有處處碰壁的時候，如果能抱持隨遇而安的態度，不過分怨天尤人，生活就會瀟灑許多。

每年都破土而出的臘蘭

小菲的朋友去遠方，把他在山中的庭院交給她留守。小菲的朋友是個勤快的人，院子裡常常打掃得乾乾淨淨寸草不生；而她卻很懶，除了偶爾掃一下被風吹進來的落葉，那些破土而出的草芽她卻從不去拔。

初春時，在院子左側的石凳旁冒出了幾簇綠綠的芽尖兒，葉子嫩嫩的、薄薄的，她以為是芨芨草，所以也沒有去理會。直到二十多天後，它們的葉子蓬蓬勃勃伸展開了，她才發覺它們的葉子又薄又長，像是院外林間裡幽幽的野蘭。

暮夏時，那草果然開花了，五瓣的小花氤氳著一縷縷幽香，花形如林地裡的那些蘭花一樣，只不過它是蠟黃的，不像林地裡的那些野蘭，花朵是紫色或褐紅的。小菲採擷了它的一朵花和幾片葉子，下山去找一位研究植物的朋友，朋友興奮地說：「這是蘭花中的一種稀有品種，許多人窮盡一生都很難找到它，如果在城市的花市上，這種臘蘭一棵至少值萬餘元。」

「臘蘭？」小菲大吃一驚。

夜裡，她打電話把這個喜訊告訴了朋友。「臘蘭？一棵就值萬元？！就長在我家院子裡的石凳旁？」朋友一聽很吃驚。他告訴小菲，其實那株臘蘭每年春天都要破土而出的，只是他以為那只不過是一株普通的野草罷了，每年春天它的芽尖剛出土就被他拔掉了。朋友歎息說：「我幾乎毀掉了一種奇花啊！如果我能耐心地等它開花，那麼幾年前我就能發現它了。」

我們誰沒有錯過自己人生中的幾株臘蘭呢？我們總是盲目地拔掉那些還沒有來得及開花的野草，沒有給予它們開花結果證明它們自己價值的時間，使許多原本珍奇的「臘蘭」和我們失之交臂了。

要盡量給每一棵花草一定的成長時間，給每一個人一個可以證明自己價值的機會，不要盲目地去拔掉一棵草，不要草率地去否定一個人。只有這樣，我們才能夠享受到更加美滿、和諧的人生。

一條危害人間的大蛇

一條大蛇為害人間，傷了不少人畜，以致農夫不敢下田耕地，商賈無法外出做買賣，大人無法放心讓孩子上學，到最後，每個人都不敢外出了。

大家無奈之餘，便到寺廟的住持那兒求救，大夥兒聽說這位住持是位高僧，講道時連頑石都會被點化，無論多凶殘的野獸都會被馴服。

不久之後，大師就以自己的修為，馴服並教化了這條蛇，不但教牠不可隨意傷人，還點化了牠許多做人處世的道理，而蛇也在那天彷彿有了靈性一般。

人們慢慢發現這條蛇完全變了，甚至還有些畏怯與懦弱，於是紛紛欺侮牠。有人拿竹棍打牠，有人拿石頭砸牠，連一些頑皮的小孩，都敢去逗弄牠。

某日，蛇遍體鱗傷，氣喘吁吁地爬到住持那兒。

「你怎麼啦？」住持見到蛇這副德性，不禁大吃一驚。

「我……我……我……」大蛇一時間為之語塞。

「別急，有話慢慢說！」住持的眼神滿是關懷。

「你不是一再教導我應該與世無爭，和大家和睦相處，不要做出傷害人畜的行為嗎？可是你看，蛇善被人欺，蛇善遭人戲，你的教導真的對嗎？」

「唉！」住持歎了一口氣後說道，「我只是要求你不要傷害人畜，並沒有不讓你昂首吐信地嚇他們啊！」

「我……」大蛇又為之語塞。

在為人處世的時候，要謙讓。不過，凡事都有個必要的限度，如果你一味的退縮，任人宰割，就會使自己的根本利益受到侵害。所以，要把掌控好一定的分寸，適時進行必要的反擊。

靜待復活的機會

據說，世界上最懂得裝死的動物是水熊蟲。在一個名為「動物星球」的電視節目中，實驗室的研究人員從鋼櫃取出盒子，裡面裝著幾顆花生般大小的苔蘚類標本。電視介紹說：標本裡有微小的動物水熊蟲寄居，它們已經「偽死」了一百二十年。只要給它們幾滴水，不到一刻鐘便會「復活」。

水熊蟲真是一種奇怪的動物，它的一生不知有多長，可是「偽死」的時間往往比存活的時間長了很多倍，雖生若死，雖死猶生，老是蟄伏於生死邊緣，那麼，默默偷生到底所為何事？但這顯然不是哲學問題，在無比惡劣的環境中都死不了，說來真是一場可歌可泣的戲夢浮生。

據說，水熊蟲可以在很多極端的情況下存活：極高如喜馬拉雅山；極深如海底四千米；極高溫——攝氏一百五十度；極低溫——攝氏零下二百度；極大的壓力——六億帕斯卡，相等於大氣壓的六千倍；極度真空狀態——百萬分之一毫米汞柱，接近太空狀態；極強酸度——pH值一；極強鹼度——pH值十三；極強輻射量——可在核戰後倖存；極度缺水——蟄伏百年，滴水不沾。

科學家發現，水熊蟲在「十極」狀態中，可將身體縮成圓桶形，默默蟄伏，這「偽死」也稱為「隱生現象」，意即「潛在生命」或「潛在生機」。這很值得人類學習——在不適合生存的狀態中會自動關閉所有新陳代謝系統，裝死頑抗，靜待百年一遇的「復活」時機。

做人最重要的是要能夠審時度勢，能屈能伸。當條件不利的時候，就採取韜晦策略，以靜待時機，積蓄力量，為條件適宜的時候大展宏圖奠定良好的基礎。

自己親手做的鳥籠子

一隻小鳥在草叢裡做了一個漂亮的巢。每天小鳥在外面飛累了，就回巢休息。小鳥很喜歡巢裡那種溫馨舒適的感覺，小鳥希望沒有任何東西來打擾牠的安寧。

有一天，小鳥正在巢裡睡覺，突然一陣聲響驚醒了牠。一看，原來一條巨大的蟒蛇不知什麼時候竟悄悄地滑到自己身邊，正吐著舌信準備襲擊牠。小鳥嚇了一跳，趕緊飛走了。等蟒蛇走了之後，小鳥回到巢裡就總覺得不安全。為了避免蟒蛇再來襲擊，小鳥就在蟒蛇出沒的那個方向裝上一排柵欄。做好以後，小鳥便放心地休息了。

過了幾天，小鳥又擔心起來：如果蟒蛇從其他方向來進攻自己，怎麼辦？小鳥決定在另外幾個方向也裝上柵欄，這樣，蟒蛇不管從什麼地方來就都襲擊不到自己了。於是小鳥花了好幾天的時間，終於在其他幾個方向都裝上了柵欄。這下小鳥放心了。

但又過了幾天，小鳥又發現了一個嚴重的問題：巢頂上是空著的，沒有任何防護措施。如果蟒蛇從這裡進來，豈不是還能襲擊自己。於是，小鳥又花了幾天時間，在鳥巢的上方裝上了一排紮紮實實的柵欄。柵欄裝好以後，小鳥總算放心了，不管蟒蛇以後怎麼來，都襲擊不到自己了。於是小鳥放心地睡覺去了。

第二天，小鳥醒來之後，起身準備飛出去找點吃的。不過很快的牠就發現了，任憑自己怎麼飛，都飛不出去了。四面八方上上下下都有柵欄擋著自己。此時牠的巢，已經徹底成了一個鳥籠子了，而這個籠子正是牠自己親手做的。

在與人交往的時候，適度防範別人是無可厚非的，超過一定的限度，以至採取自我封閉的措施就沒有必要了。過度地防範別人，也會限制住自己的自由和發展。

一個郵差的職業精神

弗雷德是一個送信的郵差。他負責為偏遠地區的住戶收、送郵件。當他聽說偏遠地區內有一位職業演說家，叫桑布恩先生。這桑先生一年有一百六十到二百天在外出差。於是他向桑先生索要一份全年行程表，桑先生覺得很納悶，便問：「您有什麼用途？」他回答說，「以便您不在家時，我暫時代為保管您的信件，等您回來再送過來。」

這讓桑布恩很吃驚！因為他從未碰到過這樣的郵差。桑先生回答道：「沒必要這麼麻煩，把信放進信箱裡就好了，我回來再取也是一樣的。」

弗雷德解釋說：「竊賊經常會窺探住戶的郵箱，如果發現是滿的，就表示主人不在家，那住戶就可能要身受其害了。」

弗雷德想了想，接著說：「這樣吧！只要郵箱的蓋子還能蓋上，我就把信放到裡面。塞不進郵箱的郵件，則擱在房門和屏柵門之間。如果那裡也放滿了，我就把其他的信留著，等您回來。」弗雷德的建議無可挑剔，桑先生欣然同意了。

兩周後，桑先生出差回來，發現門口的擦鞋墊跑到門廊的角落裡，下面還遮著個什麼東西。

原來事情是這樣的：在桑先生出差期間，美國聯合快遞公司把他的包裹投到別人家了。

弗雷德看到桑先生的包裹送錯了地方，就把它撿起來，送回桑先生的住處藏好，還在上面留了張紙條，解釋事情的來龍去脈，並費心地用擦鞋墊把它遮住，以避人耳目。

不同的郵政公司之間競爭市場份額，比的就是服務，而因為有一批弗雷德式的職業化員工，他們所提供的人性化服務，創造了無形價值，以致使美國聯合快遞公司在眾多競爭對手中脫穎而出！

多為別人考慮，盡量滿足別人的需求，才能成為生活中受歡迎的人，做事才能左右逢源，無往不利。

人的道德底線都化成了數字

富翁的兒子與朋友做生意，被騙了，十分懊惱。他說：「我沒想到他是那種人，我們曾經相處得那麼好。」富翁安慰並告誡兒子：「人都有自己的道德底線，當外在的誘惑突破了他的道德底線，他就會顛覆傳統的道德準則。」看兒子一臉迷惑，富翁說：「我們不妨做個實驗。」

富翁帶著兒子找到商人甲。甲的店面不大，他正悠閒地喝著茶。富翁取得甲的初步信任後，說：「我有一批貨想和你合作，你賣不賣？」商人甲一臉狐疑。富翁說：「你賣了貨再給我錢，反正跑得了和尚跑不了廟。」生意談成了。富翁把一萬塊錢的貨放在甲的店裡。

富翁又帶著兒子找到商人乙。乙的店面稍大，他正悠閒地喝著茶。同樣，富翁也把一萬塊錢的貨放在乙的店裡。

富翁再帶著兒子找到商人丙。丙的店面更大……最後富翁還是把一萬塊錢的貨放在丙的店裡。

兒子說：「連個正式的手續都沒有，把貨放他們那兒，他們會賴賬的。」富翁笑笑，沒有回答兒子。

丙的店面大，周轉得快。一個月後，他率先來找富翁，還了貨款，並提出要從富翁這兒進更多的貨。接著，商人乙、商人甲都來還貨款，無一例外，都要求從富翁這兒進更多的貨。富翁不為所動，每人都只給了三萬元的貨。兒子說：「他們還是蠻講信用的，應該多給他們貨啊！」富翁依然只是笑笑。

又一個月後，商人丙率先來還錢，提出要進更多的貨。隨後，商人乙也來了，同樣提出要進更多的貨。商人甲卻沒來。兒子很驚詫。富翁不慌不忙，帶著兒子來到甲的店鋪，卻已是人去屋空。兒子說：「他真不講信用。」富翁沒說什麼。

這回，富翁給了商人丙和商人乙各五萬元的貨。兒子說：「他們還是蠻講信用的，應該多給。」富翁笑而不語。

再過了一個月，商人丙率先來還錢了，還提出要進更多的貨。商人乙卻沒有來。富翁帶著兒子來到商人乙的店鋪，也是人去屋空。兒子很驚訝：「他也這麼不講誠信。看來，只有商人丙，到底是做大買賣的，可靠。」

富翁賒給商人丙八萬元的貨。一個月後，丙按時還錢；富翁賒給商人丙十五萬元的貨。一個月後，丙按時還錢；富翁賒給商人丙三十萬元的貨。一個月後，丙卻沒來還錢。

兒子說，丙一定有什麼特殊的原因，他是這麼講誠信的人，怎可能不來呢？富翁不聲不響，帶著兒子來到商人丙的店鋪，同樣是人去屋空。兒子更驚訝：「人怎麼都這樣呢？」

富翁說：「我把人的道德底線都量化成了數字，你該明白了吧？」兒子大悟——商人甲的道德底線是三萬元，商人乙的道德底線是五萬元，商人丙相對講誠信些，但他也有道德底線，是三十萬元。兒子感歎，人啊，人啊！

富翁說：「花三十八萬元教你認識了人性中的一些東西，我覺得非常值得。」

判斷一個人是否誠實、可靠時，一定要考慮各方面的因素。當外界的條件發生重大改變的時候，人的思想和行為也可能發生根本的變化。

※為保障您的權益，每一項資料請務必確實填寫，謝謝！

姓名		性別	□男　□女
生日	年　月　日	年齡	
住宅地址	郵遞區號□□□		
行動電話		E-mail	

學歷

□國小　□國中　□高中、高職　□專科、大學以上　□其他＿＿＿＿

職業

□學生　□軍　□公　□教　□工　□商　□金融業
□資訊業　□服務業　□傳播業　□出版業　□自由業　□其他＿＿＿＿

謝謝您購買 **別做不受歡迎的人生過路人** 與我們一起分享讀完本書後的心得。務必留下您的基本資料及電子信箱，使用我們準備的免郵回函寄回，我們每月將抽出一百名回函讀者，寄出精美禮物以及享有生日當月購書優惠！想知道更多更即時的消息，歡迎加入"永續圖書粉絲團"

您也可以使用以下傳真電話或是掃描圖檔寄回本公司電子信箱，謝謝！

傳真電話：（02）8647-3660　　電子信箱：yungjiuh@ms45.hinet.net

●請針對下列各項目為本書打分數，由高至低5～1分。

	5 4 3 2 1		5 4 3 2 1
1. 內容題材	□□□□□	2. 編排設計	□□□□□
3. 封面設計	□□□□□	4. 文字品質	□□□□□
5. 圖片品質	□□□□□	6. 裝訂印刷	□□□□□

●您購買此書的地點及店名＿＿＿＿＿＿＿＿

●您為何會購買本書？

□被文案吸引　□喜歡封面設計　□親友推薦　□喜歡作者
□網站介紹　□其他＿＿＿＿＿＿＿＿

●您認為什麼因素會影響您購買書籍的慾望？

□價格，並且合理定價是＿＿＿＿＿＿　□內容文字有足夠吸引力
□作者的知名度　□是否為暢銷書籍　□封面設計、插、漫畫

●請寫下您對編輯部的期望及建議：

★請沿此線剪下傳真、掃描或寄回，謝謝您寶貴的建議！

廣　告　回　信
基隆郵局登記證
基隆廣字第200132號

221-03

新北市汐止區大同路三段194號9樓之1

FAX：（02）8647-3660

E-mail：yungjiuh@ms45.hinet.net

培育

文化事業有限公司

讀者專用回函

別做不受歡迎的 人生過路人

培養文化育智心靈的好選擇